彩色图解版

新修订《安全生产法》学习读本

 国家安全生产监督管理总局宣传教育中心　编

团结出版社

图书在版编目（CIP）数据

新修订《安全生产法》学习读本：彩色图解版/国家安全生产监督管理总局宣传教育中心编.--北京：团结出版社，2014.8

ISBN 978-7-5126-2637-9

Ⅰ.①新… Ⅱ.①国… Ⅲ.①安全生产法—中国—学习参考资料 Ⅳ.① D922.54

中国版本图书馆 CIP 数据核字 (2014) 第 198937 号

出　　版：团结出版社
　　　　　（北京市东城区东皇城根南街 84 号 邮编：100006）
电　　话：（010）65228880　65244790（出版社）
发行电话：（010）87952246　87952248
网　　址：www.tjpress.com
E-mail：65244790@163.com
经　　销：全国新华书店
印　　刷：北京嘉实印刷有限公司

开　　本：850×1168　　1/32
字　　数：150 千字
版　　次：2014 年 8 月第 1 版
印　　次：2014 年 8 月第 1 次印刷

书　　号：978-7-5126-2637-9
定　　价：19.80 元
　　　　　（版权所有，盗版必究）

编委会

顾　　问：石少华
主　　编：李　进
副 主 编：陈文涛　谷　林　白　杰　赵守超
编写人员：（以下排名不分先后）

管铁流	郑露敏	潘锦晶	王海龙
邹桃源	王　跃	于宏伟	张善嫘
钟才乐	林重任	宋文青	张欣鹏
张传宝	杨远锋	杨　明	何仕地
赵　鑫	彭丽丽	于永珊	赵素云
郑　勇	陈　楠	刘　骅	

前　言

2014年8月31日，《全国人民代表大会常务委员会关于修改〈中华人民共和国安全生产法〉的决定》由中华人民共和国第十二届全国人民代表大会常务委员会第十次会议通过，自2014年12月1日起施行。这是《安全生产法》自2002年颁布实施以来第一次重要修订，标志着我国安全生产工作向科学化、法制化方向又迈进一大步。新《安全生产法》的颁布实施对于建立健全"党政同责、一岗双责、齐抓共管"的安全生产责任体系，进一步强化安全生产工作的重要地位、落实生产经营单位主体责任、加强政府监管、强化责任追究，预防和减少生产安全事故，保障人民群众生命和财产安全，促进经济社会持续健康发展具有重大意义。

为宣传贯彻新《安全生产法》，帮助各级人民政府负有安全生产监督管理职责的部门及其工作人员，生产经营单位主要负责人、安全生产管理人员、职工等深入学习和落实新《安全生产法》，国家安全生产监督管理总局宣传教育中心组织专家编写了《新修订〈安全生产法〉学习读本》。

本书对新《安全生产法》进行逐条新旧对照解读，突出亮点，同时结合当前安全生产工作实际，注重应用，是一本有权威、有深度，又"接地气"的新《安全生产法》学习普及读本。

逐条解读，准确权威。本书分两部分。第一部分介绍《安全生产法》修订的背景意义及内容要点；第二部分对新修订《安全生产法》的条文进行逐条深度解读，抓住新《安全生产法》的主要内容和精神实质，满足读者系统学、深入学、逐条学的需要。此外，本书由2002年版《安全生产法》起草人之一、国家安全生产监督管理总局政策法规司原副司长、著名安全生产法律专家石少华审定，释义内容准确权威。

新旧对照，突出亮点。本书将新《安全生产法》的条文分为保留条款、修订条款和新增条款三种。保留条款在原有释义基础上力求新意。修订条款则将原《安全生产法》和新修订的《安全生产法》进行对照，从对照学习中概括梳理不同之处。本书重点突出了修订条款和新增条款，抓住新修订后《安全生产法》的新思想、新举措、新亮点，满足读者对照学、重点学的需要。

图文并茂，形象直观。本书释义精炼实用，配以形象直观的图示。全书采用全彩印刷，图文并茂、生动形象，极大提升了读者的阅读体验。

由于时间仓促，加之作者水平所限，书中难免多有不足之处，恳请各位读者批评指正。

编 者

2014年9月

第一部分 《中华人民共和国安全生产法》的修订背景和内容亮点

第一章 《中华人民共和国安全生产法》的修订背景和重大意义 ………… 1

第二章 新修订《安全生产法》的主要内容和亮点 …… 7

第二部分 新修订《安全生产法》条文解读

第一章 总则 ……………………………… 19

第二章 生产经营单位的安全生产保障 …………… 39

第三章 从业人员的安全生产权利义务 …………… 90

第四章 安全生产的监督管理 ……………… 104

第五章 生产安全事故的应急救援与调查处理 …… 130

第六章 法律责任 ……………………… 146

第七章 附则 …………………………… 190

第一部分
《中华人民共和国安全生产法》的修订背景和内容亮点

第一章 《中华人民共和国安全生产法》的修订背景和重大意义

2014年8月31日,《全国人民代表大会常务委员会关于修改〈中华人民共和国安全生产法〉的决定》由中华人民共和国第十二届全国人民代表大会常务委员会第十次会议通过,自2014年12月1日起施行。本次《安全生产法》的修订,体现了以习近平为总书记的新一届中央领导集体贯彻落实以人为本的科学发展观,坚持立党为公、执政为民,把安全生产纳入全面建成小康社会和全面深化改革的总体布局的崇高执政理念,体现了《国务院关于进一步加强企业安全生产工作的通知》的精神。

一、《安全生产法》的修订背景

《安全生产法》自2002年颁布实施以来,对于建立安全生产的法律体系,完善安全生产的监管体制,促进生产经营单位提高保障能力,防止发生重特大生产安全事故,保障人民群众生命和财产安全,促进经济发展起了重要作用。

但是,该法颁布实施12年来,随着我国经济社会的发展,安全生产面临的主要矛盾和问题发生了很大变化,安全生产领域的各类关系也日益复杂,各类主体所产生的冲突正在成为新的社会焦点问题与新的社会矛盾。

(1)深入贯彻落实科学发展观,坚持以人为本,牢固树立安全发展理念,切实转变经济发展方式,调整产业结构,提高经济发展质量和效益,把经济发展建立在安全生产有可靠保障的基础上,已经成为经济社会和谐发展的共识。

(2)我国安全生产形势仍然严峻,非法违法生产经营建设活动屡禁不止,重特大事故时有发生,暴露出生产经营单位安全责任不落实、防范措施不到位、隐患治理不彻底等突出问题,必须从法律上强化安全监管措施,加大"打非治违"力度,遏制重特大事故的发生。

(3)近几年,国务院采取了一系列标本兼治、重在治本的重大决策和举措,相继制定了《国务院关于进一步加强安全生产工作的决定》(国发〔2004〕2号)、《国务院关于进一步加强企业安全生产工作的通知》(国发〔2010〕23号)和《国务院关于坚持科学发展安全发展促进安全生产形势持续稳定好转的意见》(国发〔2011〕40号)等规范性文件,需要将重要政策措施上升到法律制度。

(4)受当时立法的限制,部分条款比较原则,可操作性不强,法律规定的处罚额度偏低,与近几年出台的相关法律法规不衔接。

(5)多年来的安全生产及事故仲裁和审判实践,为修订《安全生产法》提供了宝贵的实践经验。

(6)经过多年探索,符合社会主义市场经济体制要求的新型责任制、规章制度、劳动(个体)防护等各项保障已基本形成,发展方向已经清晰。

上述情况一方面增强了《安全生产法》修订工作的必要性和紧迫性,同时又为《安全生产法》的修订创造了条件。

二、《安全生产法》修订的重大意义

《安全生产法》修订的重大意义主要体现在以下几方面:

第一章 《中华人民共和国安全生产法》的修订背景和重大意义

1. 反映了经济社会背景和我党执政理念的重大变化,充分体现了安全生产红线意识

党的"十六大"以来,我们党提出科学发展观和构建社会主义和谐社会的重大战略思想。党的十六届五中全会把"安全发展"写入了"十一五"规划纲要;十六届六中全会把"坚持和推动安全发展"纳入构建社会主义和谐社会的总体布局。"十七大"进一步强调,坚持安全发展,强化安全生产管理和监督,有效遏制重特大安全事故。十七届三中全会强调,能不能实现安全发展,是对我们党执政能力的重大考验。2010年国务院下发了23号文件《国务院关于进一步加强企业安全生产工作的通知》;2011年国务院常务会议审议通过并颁布了《安全生产"十二五"规划》,制定出台了40号文件《关于坚持科学发展安全发展促进安全生产形势持续稳定好转的意见》,并在这个意见的指导思想中首次提出了要大力实施安全发展战略。2011年,中央把完善安全生产监管体制机制纳入到加强和创新社会管理的总体工作布局。党的"十八大"以来,以习近平为总书记的新一届中央领导集体贯彻落实以人为本的科学发展观,坚持立党为公、执政为民的崇高执政理念,把安全生产纳入全面建成小康社会和全面深化改革的总体布局,作为推进国家治理体系和治理能力现代化的重要内容,作出一系列决策部署,提出"红线"的观点,从坚持安全发展理念、健全完善责任体系、强化企业主体责任、改进安全监督检查、深刻吸取事故教训、加强隐患治理和安全防范等方面,对安全生产工作提出了明确要求。我国经济社会发展正朝着以科学发展为主题,以转变经济发展方式为主线的方向转变,强调要实现经济长期平稳较快发展和社会和谐稳定,突出"以人为本,安全第一"的理念。

从"安全生产"到"安全发展",到从"安全发展理念"进而明确为"安全发展战略",是安全生产领域在新时期对客观规律的科学认识和准确把握,充分体现了党中央、国务院"以人为本、保障民生"的执政理念,体现了党和政府对科学发展观认识的不断深化和对经济社会发展客观规律的科学总结,体现了安全与经济社会发展一体化运行的现实要求。坚持科学发展安全发展,大力实施安全发展战略是新时期进一步加强安全生产工作的总纲领、总标准。

新《安全生产法》明确提出,"安全生产工作应当以人为本,坚持安全发展",充分反映了经济社会背景和我党执政理念的重大变化,体现了安全生产红线意识。

2. 适应了我国安全生产情况的新形势和新变化,有力保障和促进经济社会的安全发展

随着我国经济发展水平的不断提高,人民群众需求的层次也在不断提高,我们不仅要满足人民群众衣食住行等基本需求,也要满足人民群众对生活质量、安全与身心健康等更高层次的要求。党中央、国务院将安全生产工作放在事关人民群众切身利益、改革发展稳定大局、党和政府形象及声誉的全局与战略高度,高度重视安全生产。

为了实现这一目标,近年来,我国持续不断地开展了"三项行动""三项建设""隐患排查治理""打非治违",以及"六打六治"等专项行动;制定完善安全标准规范,进行企业安全生产标准化建设;采取强化夯实安全生产基础,加强职业安全培训,健全安全监管体系,进一步提高企业本质安全水平等一系列安全生产措施。

我们还看到,当前及今后一段时间,我国正处在发展机遇期和矛盾凸显期并存的发展阶段,处在工业化和城镇化快速发展、生产安全事故易发的特殊阶段,如何将近年来持续不断采取的安全生产有效措施转化为构建安全生产的长效机制,结合国内外安全生产立法经验,修订补充纳入《安全生产法》中,以保障、促进和实现经济社会的安全发展。

3. 为进一步遏制重特大生产安全事故提供更有效的法律保障,促进全国安全生产形势的总体稳定、持续好转

在党中央、国务院的坚强正确领导下,通过全社会各方面的共同努力,近年来,全国安全生产状况呈现总体稳定、持续好转的发展态势,2013年全国事故率总量、重特大事故、主要相对指标都继续实现了大幅度下降,全国较大以上的事故起数和死亡人数分别下降17.3%和18.1%,重特大事故同比减少了10起,下降16.9%。安全生产工作虽然取得了积极进展和明显成效,但与党中央、国务院的要求和广大人民群众的期望相比,仍然存在较大差距。我国仍处于并将长期处于社会主义初级阶段,人民日益增长的物质文化需求同落后的社会生产力之间的矛盾仍是主要矛盾。安全生产领域的问题和隐患还很多,形势依然严峻。我们既要解决制约安全生产的一些深层次矛盾和问题,同时还要积极应对新形势、新情况所提出的一些新挑战。

目前,事故总量仍然过大,有效防范和遏制重特大事故的基础仍然薄弱,如2013年到2014年接连发生了山东省青岛市"11·22"中石化东黄输油管道泄漏爆炸、山西省晋城市"3·1"甲醇车追尾相撞等多起特别重大事故,造成了严重的人员伤亡和财产损失,社会影响很大。这些事故的发生,充分暴露出我国生产经营领域仍然存在安全责任落实不到位、防范措施不到位、安全监管不到位、治理整顿不到位等突出问题,安全生产保障能力仍然不足,这都是大

力实施安全发展战略中需要着力解决的突出问题。

《安全生产法》的此次修订，从法律上强化了安全监管措施，为进一步加强安全生产工作提供更有效的法律保障，加大"打非治违"力度，坚决遏制重特大事故的发生。

4. 进一步明确或解决了当前安全生产工作面临的突出问题，对促进企业安全生产水平持续提升产生重大而深远的影响

现行《安全生产法》实施12年来，安全生产工作中出现了一些新情况、新问题，一些问题还相当突出，直接影响了安全生产工作的进一步深化。例如，如何发挥注册安全工程师的作用？如何推进安全生产责任保险？如何深化安全生产标准化工作、提高企业安全生产水平等。这些影响安全生产工作进一步深化的突出问题，均通过修订现行《安全生产法》来进一步明确或解决。

第二章 新修订《安全生产法》的主要内容和亮点

新修订的《安全生产法》从加强预防、强化安全生产主体责任、加强隐患排查、完善监管、加大违法惩处力度等方面做了修改，涉及修改的条款达70多条，提出了很多新思想、新举措、新亮点，是一部要求严格、内容全面、操作性强的安全生产基础法律。

一、《安全生产法》的修订概要

《全国人民代表大会常务委员会关于修改〈中华人民共和国安全生产法〉的决定》共计52条，对原《安全生产法》60%以上的条款进行了修订，将法律条文总数增加至114条，其中：

（1）新增条文16条，占总数的14%。

（2）在原条文基础上进行较多增删改动的32条，占总数的28%。

（3）进行局部字词改动的27条，占总数的24%。

（4）保留原条文没做任何修改的39条，占总数的34%。

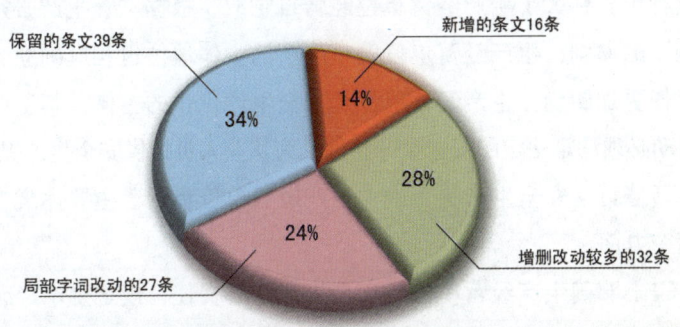

这次修改主要集中在强化安全生产主体责任、加强隐患排查治理、完善监管、加大违法惩处力度等内容,而从业人员的权利和义务等则基本没有变化。

二、新修订《安全生产法》的主要内容

新修订《安全生产法》明确要求建立生产经营单位负责、职工参与、政府监管、行业自律、社会监督的机制,进一步明确各方安全生产职责。做好安全生产工作,落实生产经营单位主体责任是根本,职工参与是基础,政府监管是关键,行业自律是发展方向,社会监督是实现预防和减少生产安全事故目标的保障。此外,为安全生产提供技术、管理服务的机构以及承担安全评价、认证、检测、检验的机构等安全生产专业机构也是推动安全生产工作的重要力量。

新修订《安全生产法》除去总则中立法目的、原则、方针、政策以及附则中补充说明的内容外,主要从生产经营单位负责、职工参与、政府监管、行业自律、社会监督以及专业机构服务等六个方面做出规定和要求。

1. 关于"生产经营单位负责"的规定

在国家体制改革、政府转变职能、转变经营方式和调整产业结构过程中,扩大了生产经营单位经营自主权,根据"管生产必须管安全"的原则,生产经营单位安全生产的主体地位也相应确立,主体责任更加明确。生产经营单位是安全生产工作的主体,其生产经营活动必须满足法定的安全生产条件,为从业人员提供安全生产保障。

新修订《安全生产法》中"生产经营单位负责"主要体现在以下两个方面:

(1)明确生产经营单位的安全生产主体责任,规定生产经营单位应当建立相应的机制,加强安全生产工作。主要包括:

①保证安全生产资金投入，具备安全生产条件的相关规定。
②建立安全生产责任制，配备安全生产管理人员的相关规定。
③进行安全生产教育和培训的相关规定。
④建设项目的安全设施"三同时"的相关规定。
⑤设置安全警示标志和配备安全设备的相关规定。
⑥危险物品、重大危险源以及排查治理事故隐患的相关规定。
⑦依法参加工伤保险和安全生产责任险的规定。
⑧建立本单位事故应急救援体系和应急救援预案的相关规定。

以上内容主要涉及第4、第17、第19～21、第25～42、第44～48、第63、第78～79条以及与其对应的法律责任（第94～103、第105、第108～109、第111条）。

（2）明确生产经营单位的主要负责人以及安全生产管理机构和安全生产管理人员的职责。主要包括：

①安全生产工作职责的相关规定。
②安全生产权利保障的相关规定。
③安全生产知识和管理能力的要求及注册安全工程师的相关规定。
④安全检查及处理的相关规定。

以上内容主要涉及第5、第18、第22～24、第43、第80条以及与其对应的法律责任（第90～93、第106条）。

2. 关于"职工参与"的规定

生产经营单位的职工分布在生产经营单位的各个岗位上，最了解安全生产工作的具体情况，从法律上规定从业人员的安全生产工作的基本权利和义务，有助于调动从业人员参与安全生产管理的积极性，从而及时发现问题，解决问题，防止生产安全事故的发生。

新修订《安全生产法》中职工参与安全生产工作主要体现在以下两个方面：

（1）从业人员的安全生产权利和义务。主要包括第6和第49～56、第58条以及与其对应的法律责任（第104条）。

（2）工会的安全生产职责的相关规定。工会作为职工利益的代表者和维护者，在劳动保护工作中具有独特的地位，在安全生产管理体制中有着特殊的作用，在维护职工安全健康工作中负有重要职责，因此，强化工会在安全生产工作中的监督作用有着重要意义。以上内容主要涉及第7和第57条。

3. 关于"政府监管"的规定

在国内外的实践经验中，都将安全生产与国家管理社会事务联系在一起，作为政府管理的一项重要责任。人民政府应建立健全安全生产工作协调机制，充分发挥领导、组织、协调的功能，充分调动和发挥各监管部门的主观能动性，从全局的高度监督和解决安全生产问题。

新修订《安全生产法》中政府的安全生产监督管理主要包括以下三个方面：

（1）各级人民政府的安全生产监督管理职责，主要包括：

①各级政府的安全生产工作职责的相关规定。

②各级人民政府加强安全生产宣传教育的相关规定。

③鼓励和支持科学技术研究和推广应用的相关规定。

④作出显著成绩的单位和有功人员给予奖励的相关规定。

⑤建立事故应急救援体系，制定应急救援预案和应急救援信息系统的相关规定。

⑥组织事故抢救和事故调查，发布事故调查报告的相关规定。

⑦统计分析和公布生产安全事故情况的相关规定。

以上内容主要涉及第8、第11、第14～16、第59、第73、第76～77、第82～83、第86条以及与其对应的法律责任(第107条)。

(2)负有安全生产监督管理职责的部门的安全生产监督管理职责。新修订《安全生产法》第9条规定："安全生产监督管理部门和对有关行业、领域的安全生产工作实施监督管理的部门,统称负有安全生产监督管理职责的部门"。按照"三个必须"(管业务必须管安全、管行业必须管安全、管生产经营必须管安全)的要求,对安全生产监督管理提出了明确的要求,主要包括：

①保障安全生产的国家标准、行业标准的制定和执行的相关规定。

②享有检查权、处理权和采取行政强制措施的权力的相关规定。

③安全生产监督检查人员的执法要求的相关规定。

④应建立安全生产举报制度和建立违法行为信息库的相关规定。

以上内容主要涉及第9～10、第60～62、第64～67、第70、第75、第81、第84条以及与其对应的法律责任(第87～88条)。

4. 关于"行业自律"的规定

行业自律主要是指有关协会组织在安全生产监督管理中的作用。有关协会组织是政府与会员单位联系的桥梁和纽带,在明确生产经营单位事故隐患排查治理职责、督促生产经营单位强化生产安全事故隐患排查治理工作、将事故消灭在萌芽状态、实现防患于未然等工作上,起着极其重要的作用。

新修订《安全生产法》中行业自律主要包括对有关协会组织在安全生产领域的职能定位的规定(第12条)。

5. 关于"社会监督"的规定

加强安全生产的监督管理,防止和减少生产安全事故,保障人

第一部分 《中华人民共和国安全生产法》的修订背景和内容亮点

民群众生命安全和财产安全,不仅是人民政府、安全生产监督管理部门的职责,同时也需要依靠全社会共同努力。

新修订《安全生产法》对社会力量的监督权利和法律责任进行了明确规定,主要包括任何单位和个人都享有举报权(第71条)、居民委员会、村民委员会在安全生产方面应履行报告义务的规定(第72条)、宣传舆论单位有监督安全生产违法行为权利的规定(第74条)。

6. 关于"专业机构服务"的规定

在安全生产实际工作中,按照法律、法规的规定和企业安全生产工作的需要,经常要求既独立于政府监督管理部门,又独立于接受评价、检测、检验或认证的单位的第三方为安全生产提供技术、管理服务,这也是国际上通行的做法。

新修订《安全生产法》对这类提供专业服务的机构的法律职责进行了明确的规定,主要包括:

(1)依法设立的为安全生产提供技术、管理服务的机构,依照法律、行政法规和执业准则,接受生产经营单位的委托为其安全生产工作提供技术、管理服务。生产经营单位委托相关机构提供安全生产技术、管理服务的,保证安全生产的责任仍由本单位负责(第13条)。

(2)承担安全评价、认证、检测、检验的机构应当具备国家规定的资质条件,并对其作出的安全评价、认证、检测、检验的结果负责(第69条)。

(3)关于承担安全评价、认证、检测、检验工作的机构及其直接负责的主管人员和其他直接责任人员出具虚假证明的法律责任的规定(第89条)。

三、新修订《安全生产法》的主要亮点

这次新修订《安全生产法》,从强化安全生产工作的摆位、进

第二章 新修订《安全生产法》的主要内容和亮点

一步落实生产经营单位主体责任,政府安全监管定位和加强基层执法力量、强化安全生产责任追究等四个方面入手,着眼于安全生产现实问题和发展要求,补充完善了相关法律制度规定,主要有十大亮点。

1. 坚持以人为本,推进安全发展

新修订《安全生产法》提出安全生产工作应当以人为本,充分体现了习近平总书记等中央领导同志近一年来关于安全生产工作一系列重要指示精神,对于坚守发展决不能以牺牲人的生命为代价这条红线,牢固树立以人为本、生命至上的理念,正确处理重大险情和事故应急救援中"保财产"还是"保人命"问题,具有重大意义。为强化安全生产工作的重要地位,明确安全生产在国民经济和社会发展中的重要地位,推进安全生产形势持续稳定好转,新修订《安全生产法》将坚持安全发展写入了总则。

2. 建立完善安全生产方针和工作机制

新修订《安全生产法》确立了"安全第一、预防为主、综合治理"的安全生产工作"十二字方针",明确了安全生产的重要地位、主体任务和实现安全生产的根本途径。"安全第一"要求从事生产经营活动必须把安全放在首位,不能以牺牲人的生命、健康为代价换取发展和效益。"预防为主"要求把安全生产工作的重心放在预防上,强化隐患排查治理,打非治违,从源头上控制、预防和减少生产安全事故。"综合治理"要求运用行政、经济、法治、科技等多种手段,充分发挥社会、职工、舆论监督各个方面的作用,抓好安全生产工作。坚持"十二字方针",总结实践经验,新修订《安全生产法》明确要求建立生产经营单位负责、职工参与、政府监管、行业自律、社会监督的机制,进一步明确各方安全生产职责。做好安全生产工作,

落实生产经营单位主体责任是根本,职工参与是基础,政府监管是关键,行业自律是发展方向,社会监督是实现预防和减少生产安全事故目标的保障。

3. 落实"三个必须",明确安全监管部门执法地位

按照"三个必须"(管业务必须管安全、管行业必须管安全、管生产经营必须管安全)的要求,新修订《安全生产法》做出了如下规定:

(1)规定国务院和县级以上地方人民政府应当建立健全安全生产工作协调机制,及时协调、解决安全生产监督管理中存在的重大问题。

(2)明确国务院和县级以上地方人民政府安全生产监督管理部门实施综合监督管理,有关部门在各自职责范围内对有关行业、领域的安全生产工作实施监督管理。并将其统称负有安全生产监督管理职责的部门。

(3)明确各级安全生产监督管理部门和其他负有安全生产监督管理职责的部门作为执法部门,依法开展安全生产行政执法工作,对生产经营单位执行法律、法规、国家标准或者行业标准的情况进行监督检查。

4. 明确乡镇人民政府以及街道办事处、开发区管理机构安全生产职责

乡镇街道是安全生产工作的重要基础,有必要在立法层面明确其安全生产职责,同时,针对各地经济技术开发区、工业园区的安全监管体制不顺、监管人员配备不足、事故隐患集中、事故多发等突出问题,新修订《安全生产法》明确:乡、镇人民政府以及街道办事处、开发区管理机构等地方人民政府的派出机关应当按照职责,

加强对本行政区域内生产经营单位安全生产状况的监督检查,协助上级人民政府有关部门依法履行安全生产监督管理职责。

5. 进一步强化生产经营单位的安全生产主体责任

做好安全生产工作,落实生产经营单位主体责任是根本。新修订《安全生产法》把明确安全责任、发挥生产经营单位安全生产管理机构和安全生产管理人员作用作为一项重要内容,作出四个方面的重要规定:

(1)明确委托规定的机构提供安全生产技术、管理服务的,保证安全生产的责任仍然由本单位负责。

(2)明确生产经营单位的安全生产责任制的内容,规定生产经营单位应当建立相应的机制,加强对安全生产责任制落实情况的监督考核。

(3)明确生产经营单位的安全生产管理机构以及安全生产管理人员履行的七项职责。

(4)规定矿山、金属冶炼建设项目和用于生产、储存危险物品的建设项目竣工投入生产或者使用前,由建设单位负责组织对安全设施进行验收。

6. 建立事故预防和应急救援的制度

新修订《安全生产法》把加强事前预防和事故应急救援作为一项重要内容:

(1)生产经营单位必须建立生产安全事故隐患排查治理制度,采取技术、管理措施及时发现并消除事故隐患,并向从业人员通报隐患排查治理情况的制度。

(2)政府有关部门要建立健全重大事故隐患治理督办制度,督促生产经营单位消除重大事故隐患。

（3）对未建立隐患排查治理制度、未采取有效措施消除事故隐患的行为，设定了严格的行政处罚。

（4）赋予负有安全监管职责的部门对拒不执行执法决定、有发生生产安全事故现实危险的生产经营单位依法采取停电、停供民用爆炸物品等措施，强制生产经营单位履行决定。

（5）国家建立应急救援基地和应急救援队伍，建立全国统一的应急救援信息系统。生产经营单位应当依法制定应急预案并定期演练。参与事故抢救的部门和单位要服从统一指挥，根据事故救援的需要组织采取告知、警戒、疏散等措施。

7. 建立安全生产标准化制度

安全生产标准化是在传统的安全质量标准化基础上，根据当前安全生产工作的要求、企业生产工艺特点，借鉴国外现代先进安全管理思想，形成的一套系统的、规范的、科学的安全管理体系。2010年《国务院关于进一步加强企业安全生产工作的通知》（国发〔2010〕23号）、2011年《国务院关于坚持科学发展安全发展促进安全生产形势持续稳定好转的意见》（国发〔2011〕40号）均对安全生产标准化工作提出了明确的要求。近年来矿山、危险化学品等高危行业企业安全生产标准化取得了显著成效，工贸行业领域的标准化工作正在全面推进，企业本质安全生产水平明显提高。结合多年的实践经验，新修订《安全生产法》在总则部分明确提出推进安全生产标准化工作，这必将对强化安全生产基础建设，促进企业安全生产水平持续提升产生重大而深远的影响。

8. 推行注册安全工程师制度

为解决中小企业安全生产"无人管、不会管"问题，促进安全生产管理人员队伍朝着专业化、职业化方向发展，国家自2004年以来连续10年实施了全国注册安全工程师执业资格统一考试，21.8万人取得了资格证书。截至2013年12月，已有近15万人注册并在生产经营单位和安全生产中介服务机构执业。新修订《安全生产法》确立了注册安全工程师制度，并从两个方面加以推进：

（1）危险物品的生产、储存单位以及矿山、金属冶炼单位应当有注册安全工程师从事安全生产管理工作，鼓励其他生产经营单位聘用注册安全工程师从事安全生产管理工作。

（2）建立注册安全工程师按专业分类管理制度，授权国务院有关部门制定具体实施办法。

9. 推进安全生产责任保险制度

新修订《安全生产法》总结近年来的试点经验，通过引入保险机制，促进安全生产，规定国家鼓励生产经营单位投保安全生产责任保险。安全生产责任保险具有其他保险所不具备的特殊功能和优势：

（1）增加事故救援费用和第三人（事故单位从业人员以外的事故受害人）赔付的资金来源，有助于减轻政府负担，维护社会稳定。目前有的地区还提供了一部分资金作为对事故死亡人员家属的补偿。

（2）有利于现行安全生产经济政策的完善和发展。2005年起实施的高危行业风险抵押金制度存在缴存标准高、占用资金大、缺乏激励作用等不足，目前湖南、上海等省市已经通过地方立法允许企业自愿选择责任保险或者风险抵押金，受到企业的广泛欢迎。

（3）通过保险费率浮动、引进保险公司参与企业安全管理，可以有效促进企业加强安全生产工作。

10. 加大对安全生产违法行为的责任追究力度

（1）规定了事故行政处罚和终身行业禁入。①将行政法规的规定上升为法律条文，按照两个责任主体、四个事故等级，设立了对生产经营单位及其主要负责人的八项罚款处罚明文。②大幅提高对事故责任单位的罚款金额：一般事故罚款20万至50万，较大事故50万至100万，重大事故100万至500万，特别重大事故500万至1000万；特别重大事故的情节特别严重的，罚款1000万至2000万。③进一步明确主要负责人对重大、特别重大事故负有责任的，终身不得担任本行业生产经营单位的主要负责人。

（2）加大罚款处罚力度。结合各地区经济发展水平、企业规模等实际，新修订《安全生产法》维持罚款下限基本不变、将罚款上限提高了2至5倍，并且大多数罚则不再将限期整改作为前置条件。反映了"打非治违"、"重典治乱"的现实需要，强化了对安全生产违法行为的震慑力，也有利于降低执法成本、提高执法效能。

（3）建立了严重违法行为公告和通报制度。要求负有安全生产监督管理部门建立安全生产违法行为信息库，如实记录生产经营单位的违法行为信息；对违法行为情节严重的生产经营单位，应当向社会公告，并通报行业主管部门、投资主管部门、国土资源主管部门、证券监督管理部门和有关金融机构。

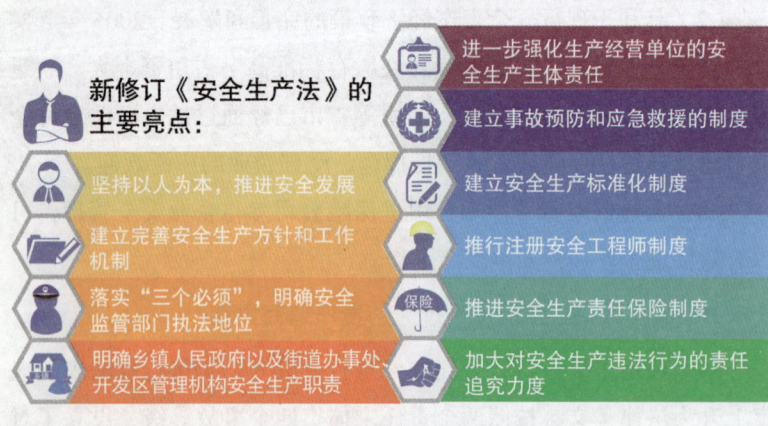

第二部分
新修订《安全生产法》条文解读

第一章 总则

第一条 为了加强安全生产工作,防止和减少生产安全事故,保障人民群众生命和财产安全,促进经济社会持续健康发展,制定本法。

【条文释义】

本条阐释了本法的立法目的,为修订条款。

本次修订将"加强安全生产监督管理"修订为"加强安全生产工作",从而使安全生产工作走上法制化轨道,对加强安全生产工作,落实生产经营单位主体责任,强化安全生产监督管理,提供了更明确、更有力的法律依据。而这些最根本的目的就是为了防止和减少生产安全事故,保障人民群众生命和财产安全,维护社会稳定,保证社会主义现代化建设的顺利进行。

安全生产是经济和社会持续健康发展的前提,全面建设小康社会,进行社会主义现代化建设,就不能不重视安全生产。所以,本次将"促进经济发展"修订为"促进经济社会持续健康发展"。当人们用尽量少的劳动消耗和物质消耗生产出更多符合社会需要的产品时,事故率和事故损失的降低,无疑促进了生产力的发展;更可避免由生产安全事故，尤其是重大生产安全事故造成的直接或者间接的重大经济损失，以及对当地经济发展和正常经济秩序的破坏，从而实现了经济社会持续健康发展。

第二条 在中华人民共和国领域内从事生产经营活动的单位（以下统称生产经营单位）的安全生产，适用本法；有关法律、行政法规对消防安全和道路交通安全、铁路交通安全、水上交通安全、民用航空安全以及核与辐射安全、特种设备安全另有规定的，适用其规定。

【条文释义】

本条是关于本法适用范围和调整对象的规定，为修订条款。

本法的时间效力，第一百一十四条作了规定。关于本法的空间效力问题，由于法律空间效力范围的普遍原则，是适用于制定它的机关所管辖的全部领域，故本法适用于中华人民共和国的全部领域，但本法不适用于香港特别行政区和澳门特别行政区。

本法是专门调整涉及安全生产的相关关系的法律，因此，其适用的范围只限定在生产经营领域。本法适用的主体，包括一切从事生产经营活动的国有企业事业单位、集体所有制的企业事业单位、股份制企业、中外合资经营企业、中外合作经营企业、外资企业、合伙企业、个人独资企业等，不论其经济性质如何、规模大小，只要从事生产经营活动，都应遵守本法的各项规定，违反本法规定的行为将受到法律的追究。

鉴于消防安全和道路交通安全、铁路交通安全、水上交通安全、民用航空安全以及核与辐射安全、特种设备安全，已有与其相对应

第一章 总则

法律、法规，所以有关法律、行政法规对上述领域另有规定的，分别适用有关法律、行政法规的规定。其中，核与辐射安全、特种设备安全为本次修订新增的。

第三条 安全生产工作应当以人为本，坚持安全发展，坚持安全第一、预防为主、综合治理的方针，强化和落实生产经营单位的主体责任，建立生产经营单位负责、职工参与、政府监管、行业自律和社会监督的机制。

【条文释义】

本条是对安全生产理念、安全生产方针和工作机制的规定，为修订条款。

本次修订提出安全生产工作应当以人为本，充分体现了习近平总书记等中央领导同志关于安全生产工作一系列重要指示精神，在坚守发展决不能以牺牲人的生命为代价这条红线，牢固树立以人为本、生命至上的理念，正确处理重大险情和事故应急救援中"保财产"还是"保人命"问题等方面，具有重大现实意义。为强化安全生产工作的重要地位，明确安全生产在国民经济和社会发展中的重要地位，推进安全生产形势持续稳定好转，新法将坚持安全发展写入了总则。

本次修订确立了"安全第一、预防为主、综合治理"的安全生产工作"十二字方针"，明确了安全生产的重要地位、主体任务和实现安全生产的根本途径。"安全第一"要求从事生产经营活动必须把安全放在首位，不能以牺牲人的生命、健康为代价换取发展和

第二部分 新修订《安全生产法》条文解读

效益。"预防为主"要求把安全生产工作的重心放在预防上,强化隐患排查治理,"打非治违",从源头上控制、预防和减少生产安全事故。"综合治理"要求运用行政、经济、法治、科技等多种手段,充分发挥社会、职工、舆论监督各个方面的作用,抓好安全生产工作。

坚持"十二字方针",总结实践经验,本次修订明确要求建立生产经营单位负责、职工参与、政府监管、行业自律、社会监督的机制,进一步明确各方安全生产职责。做好安全生产工作,落实生产经营单位主体责任是根本,职工参与是基础,政府监管是关键,行业自律是发展方向,社会监督是实现预防和减少生产安全事故目标的保障。

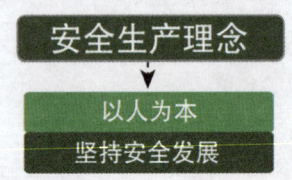

第一章 总则

> **第四条** 生产经营单位必须遵守本法和其他有关安全生产的法律、法规，加强安全生产管理，建立、健全安全生产责任制和安全生产规章制度，改善安全生产条件，推进安全生产标准化建设，提高安全生产水平，确保安全生产。

【条文释义】

本条是关于生产经营单位安全生产主体责任的规定，为修订条款。

生产经营单位必须遵守本法和其他有关安全生产的法律、法规，因为本法是有关安全生产的专门法律，确立了有关安全生产的各项基本法律制度，是生产经营单位在安全生产方面必须遵守的行为规范，并以此为依据加强安全生产管理。

生产经营单位安全生产主体责任
1. 遵守本法和其他相关法律法规
2. 加强安全生产管理
3. 建立、健全安全生产规章制度
4. 改善安全生产条件
5. 推进安全生产标准化建设

本次修订将原法中要求生产经营单位建立、健全安全生产责任制度,拆分成安全生产责任制和安全生产规章制度加以强调,并以推进安全生产标准化建设为抓手,提高企业安全生产水平。

建立、健全安全生产责任制是确保安全生产的关键,使安全生产有人管,安全生产责任制的落实有人抓。通过安全生产责任制的落实,从源头消除事故隐患,从制度上预防生产安全事故的发生。

安全生产标准化是在传统的安全质量标准化基础上,根据当前安全生产工作的要求、企业生产工艺特点,借鉴国外现代先进安全管理思想,形成的一套系统的、规范的、科学的安全管理体系。2010年《国务院关于进一步加强企业安全生产工作的通知》(国发〔2010〕23号)、2011年《国务院关于坚持科学发展安全发展促进安全生产形势持续稳定好转的意见》(国发〔2011〕40号)均对安全生产标准化工作提出了明确的要求。近年来,矿山、危险化学品等高危行业企业安全生产标准化取得了显著成效,工贸行业领域的标准化工作正在全面推进,企业本质安全生产水平明显提高。结合多年的实践经验,新法在总则部分明确提出推进安全生产标准化工作,这必将对强化安全生产基础建设,促进企业安全生产水平持续提升产生重大而深远的影响。

第五条 生产经营单位的主要负责人对本单位的安全生产工作全面负责。

【条文释义】

本条是关于生产经营单位主要负责人对本单位安全生产工作所

负责任的规定，为保留条款。

本条所称的生产经营单位的主要负责人，对企业而言，不同组织形式的企业有所不同。

（1）对于公司制的企业，按照《公司法》的规定，有限责任公司（包括国有独资公司）和股份有限公司的董事长是公司的法定代表人，经理负责"主持公司的生产经营管理工作"。因此，有限责任公司和股份有限公司的主要负责人应当是公司董事长和经理（总经理、首席执行官或其他实际履行经理职责的企业负责人）。

（2）对于非公司制的企业，主要负责人为企业的厂长、经理、矿长等企业行政"一把手"。如《全民所有制工业企业法》规定："企业实行厂长（经理）负责制"，"厂长是企业的法定代表人"，对企业"负有全面责任"。

为了搞好安全生产，必须明确生产经营单位的主要负责人是安全生产的第一责任人，对本单位的安全生产全面负责。这样才能促使生产经营单位的主要负责人切实负起责任，管生产又管安全，而不能重生产、轻安全。

生产经营单位可以安排副职负责人协助主要负责人分管安全生产工作，但不能因此减轻或免除主要负责人对本单位安全生产工作所负的全面责任。生产经营单位主要负责人对安全生产全面负责，不仅是对本单位的责任，也是对社会应负的责任。

同时，本法第十八条明确规定了生产经营单位的主要负责人对本单位安全生产工作应负的职责。且本法第九十一条是关于生产经营单位的主要负责人未履行本法规定的安全生产管理职责的法律责任的规定。

第六条 生产经营单位的从业人员有依法获得安全生产保障的权利,并应当依法履行安全生产方面的义务。

【条文释义】

本条是关于生产经营单位的从业人员在安全生产方面享有权利和负有义务的规定,为保留条款。

该条作为总则,明确了生产经营单位作为保障从业人员安全生产权利的主体,也确定了从业人员在经营活动中的安全生产方面需要履行的法定义务。

从业人员在安全生产方面的权利主要包括:

(1)依法获得工伤保险的权利;

(2)了解作业场所和工作岗位存在的危险因素的权利;

(3)了解和掌握事故的防范措施和事故应急措施,并对本单位的安全生产工作提出意见和建议;

(4)从业人员有对安全生产工作中存在的问题提出批评、检举和控告的权利,有权拒绝违章指挥和强令冒险作业;

(5)从业人员发现直接危及人身安全的紧急情况时,有进行紧急避险的权利;

(6)从业人员因生产安全事故受到损害时,除依法享有工伤保险外,还有依照民事法律的相关规定,向本单位提出赔偿要求的权利。

生产经营单位从业人员在安全生产方面的义务主要包括:

(1)遵守国家有关安全生产的法律、法规和规章;

(2)从业人员在作业过程中,应当严格遵守本单位的安全生产

规章制度和操作规程,服从安全生产管理;

(3)从业人员在作业过程中,应当正确佩戴和使用劳动防护用品,严禁在作业过程中放弃使用劳动防护用品或者不正确佩戴或使用劳动防护用品;

(4)从业人员应当自觉地接受生产经营单位有关安全生产的教育和培训,掌握所从事工作应当具备的安全生产知识;

(5)从业人员在作业过程中发现事故隐患或者其他不安全因素的,应当立即向现场安全生产管理人员或者本单位的负责人报告。

第七条 工会依法对安全生产工作进行监督。

生产经营单位的工会依法组织职工参加本单位安全生产工作的民主管理和民主监督,维护职工在安全生产方面的合法权益。生产经营单位制定或者修改有关安全生产的规章制度,应当听取工会的意见。

【条文释义】

本条是关于工会在安全生产方面的职责的规定,为修订条款。

本条第一款为新增内容。工会作为职工利益的代表者和维护者,在劳动保护工作中具有独特的地位,在安全生产管理体制中有着特殊的作用,在维护职工安全健康工作中负有重要职责,因此,强化工会在安全生产工作中的监督作用对确保安全生产十分必要。

本条第二款为修订条款。本次修订特别强调生产经营单位的工会依法参加本单位的安全生产工作,使执法主体更为明确。生产经营单位的工会依法组织职工参加本单位安全生产工作的民主管理和民主监督,可以使职工在安全生产方面的民主管理和民主监督权利

得到更充分的保证和更有效的行使。生产经营单位的工会应当依法履行好自己在这方面的职责。同样，维护职工合法权益也是生产经营单位的工会的基本职责。

此外，生产经营单位制定或者修改有关安全生产的规章制度，应当听取工会的意见，这是本次修订的新增内容。由于工会不直接参与生产经营单位的经营和管理工作，所以能够客观公正地履行职责，维护职工在安全生产方面的合法权益。生产经营单位应当尊重和重视工会对安全生产工作的监督权，制定或修改有关安全生产的规章制度，应充分听取和采纳工会的意见。

第八条 国务院和县级以上地方各级人民政府应当根据国民经济和社会发展规划制定安全生产规划，并组织实施。安全生产规划应当与城乡规划相衔接。

国务院和县级以上地方各级人民政府应当加强对安全生产工作的领导，支持、督促各有关部门依法履行安全生产监督管理职

第一章 总则

责，建立健全安全生产工作协调机制，及时协调、解决安全生产监督管理中存在的重大问题。

乡、镇人民政府以及街道办事处、开发区管理机构等地方人民政府的派出机关应当按照职责，加强对本行政区域内生产经营单位安全生产状况的监督检查，协助上级人民政府有关部门依法履行安全生产监督管理职责。

【条文释义】

本条是关于国务院和地方各级人民政府安全生产工作职责的原则和基本定位的规定，为修订条款。

本条第一款为新增内容，国务院和县级以上地方各级人民政府应当制定安全生产规划，并组织实施。安全生产规划应当与城乡规划相衔接。良好的安全生产工作规划，不仅需要根据本地区生产经营活动的特点在宏观上和长远上引导安全生产的发展，定位安全生产工作的重点、难点，同时要与城乡规划相衔接，确保从涉及经济结构、产业规划、城乡规划的高度来解决影响安全生产工作的一些先决和重大问题，统筹考虑安全生产工作和资源集约利用、环境保护以及国民经济和社会生活的其他方面。

本条第二款为修订内容。由于安全生产监管的具体工作由县级以上地方各级人民政府安全生产监督管理部门承担，因此支持和督促所属的有关部门依法履行安全生产监管职责是县级以上地方各级人民政府安全生产工作的一项重要任务。而且，按照"三个必须"(管行业必须管安全、管业务必须管安全、管生产经营必须管安全)的要求，县级以上地方各级人民政府应建立健全安全生产工作协调机制，充分发挥领导、组织、协调的功能，充分调动和发挥各监管

第二部分 新修订《安全生产法》条文解读

部门的主观能动性,从全局的高度解决涉及安全生产的事项。这也是本次修订增加的内容。

第三款为新增内容,也是本次修订的亮点之一。乡、镇人民政府以及乡镇街道是安全生产工作的重要基础,有必要在立法层面明确其安全生产职责,同时,针对各地经济技术开发区、工业园区的安全监管体制不顺、监管人员配备不足、事故隐患集中、事故多发等突出问题,新法明确了其安全生产工作的职责。一是按照职责加强对本行政区域内生产经营单位安全生产状况的监督检查,二是协助上级人民政府有关部门履行安全生产工作职责。

第九条 国务院安全生产监督管理部门依照本法,对全国安全生产工作实施综合监督管理;县级以上地方各级人民政府安全生产监督管理部门依照本法,对本行政区域内安全生产工作实施综合监督管理。

国务院有关部门依照本法和其他有关法律、行政法规的规定,在各自的职责范围内对有关行业、领域的安全生产工作实施监督管理;县级以上地方各级人民政府有关部门依照本法和其他有关法律、法规的规定,在各自的职责范围内对有关行业、领域的安全生产工作实施监督管理。

安全生产监督管理部门和对有关行业、领域的安全生产工作实施监督管理的部门,统称负有安全生产监督管理职责的部门。

【条文释义】

本条是关于安全生产监督管理体制的规定,为修订条款。

本条第一款为修订内容。国务院安全生产监督管理部门和县级

第一章 总则

以上地方各级人民政府安全生产监督管理部门对安全生产实施综合监督管理。国务院安全生产监督管理部门，按照现行的国务院机构设置，是指国家安全生产监督管理总局。县级以上地方各级人民政府安全生产监督管理部门，是指地方各级政府设置的承担安全生产综合监督管理职责的部门。

本条第二款为修订内容。除国家安全生产监督管理总局以外的国务院有关部门和除本级政府安全生产监督管理局以外的县级以上地方各级人民政府有关部门，应当依照本法及其他相关法律、法规的规定，在各自的职责范围内，对有关行业、领域的安全生产事项负有监督管理职责。本次修订特别指出是对有关行业和领域的安全生产事项，执法对象更为明确。

本条第三款为新增内容。按照"三个必须"(管行业必须管安全、管业务必须管安全、管生产经营必须管安全)的要求，明确了安全监管部门的执法地位，即国务院和县级以上地方人民政府安全生产监督管理部门实施综合监督管理，有关部门在各自职责范围内对有关行业、领域的安全生产工作实施监督管理，并将其统称为负有安全生产监督管理职责的部门。

负有安全生产监督管理职责的部门	
安全生产监督管理部门	对有关行业、领域的安全生产工作实施监督管理的部门
安全生产监督管理总局	消防部门
省级安全生产监督管理局	交通运输主管部门
地市级安全生产监督管理局	环境保护主管部门
……	……

第二部分 新修订《安全生产法》条文解读

第十条 国务院有关部门应当按照保障安全生产的要求,依法及时制定有关的国家标准或者行业标准,并根据科技进步和经济发展适时修订。

生产经营单位必须执行依法制定的保障安全生产的国家标准或者行业标准。

【条文释义】

本条是关于保障安全生产的国家标准、行业标准的制定和执行的规定,为保留条款。

按照保障安全生产的要求,科学、合理地制定有关安全生产的国家标准或者行业标准,包括生产作业场所的安全标准,生产作业、施工的工艺安全标准,安全设备、设施、器材和劳动防护用品的产品安全标准,有关安全生产的基础性、通用性标准等,并要求在生产经营活动中严格执行,是国家履行加强对安全生产工作监督管理职责的重要方面。

随着经济的发展,国家和企业、事业单位经济实力的增强,势必采用更先进、更安全的设施、设备、工具和工艺方法。同时,由于生产经营活动中大量新产品、新材料、新工艺的使用,又可能产生新的安全问题。国务院标准化行政主管部门和有关部门应当根据这种新的情况,及时制定新的标准或对原有的标准进行修订,以适应保障安全生产的要求。

第二款关于生产经营单位必须遵守有关安全生产的国家标准或者行业标准的规定,与《中华人民共和国标准化法》的规定相互衔接,这是保证安全生产的一项重要措施。

第一章 总则

第十一条 各级人民政府及其有关部门应当采取多种形式，加强对有关安全生产的法律、法规和安全生产知识的宣传，增强全社会的安全生产意识。

【条文释义】

本条是关于各级人民政府及其有关部门应当加强对安全生产的宣传教育的规定，为修订条款。

增强全社会各类主体、各类人员安全生产意识，是减少或者杜绝生产安全事故、保障安全生产的关键所在，也是解决安全生产基础性、长远性、根本性的工作。安全生产意识，是社会层面各类主体和人员对安全生产问题的有关知识、观念和心理的总和。所以这次将"职工"修订为"全社会"，扩大了安全意识宣传教育的范围。

各级人民政府及其有关部门应当采取多种形式加强安全生产法律及知识的宣传

增强全社会安全生产意识的重要途径是加强安全生产的法律、法规和有关安全生产知识的宣传。在这方面,各级人民政府及其有关部门责无旁贷,且要牢固树立三个理念:"抓宣教也是抓落实";"抓宣教也是抓治本";"传播力也是领导力"。

各级人民政府及其有关部门要根据本地的实际情况,采取多种形式,特别是人民群众喜闻乐见、通俗易懂的形式,加强对有关安全生产法律、法规和安全生产知识的宣传,真正增强全社会的安全生产意识,为做好安全生产工作打下良好基础。

第十二条 有关协会组织依照法律、行政法规和章程,为生产经营单位提供安全生产方面的信息、培训等服务,发挥自律作用,促进生产经营单位加强安全生产管理。

【条文释义】

本条是对有关协会组织在安全生产领域的职能定位的规定,为新增条款。

协会是指由个人、单个组织为达到某种目标,通过签署协议,自愿组成的团体或组织,中文将英语 Association 译作"协会",和工会的概念不同。协会常指包括职业、雇主、行业、学术和科学等方面为达成某种目标而成立的组织。

本条主要针对目前普遍存在的协会过分依赖于政府的行政化倾向及服务能力欠缺问题作出了实质性规定:为生产经营单位提供安全生产方面的信息、培训等服务,发挥自律作用。就是要求有关协会组织在协助进行行业管理,积极发展行业自律职能的同时,认真贯彻落实中央部署，以改革的精神开展工作，依法依规，承担起更多的安全生产方面信息、培训等责任。

一方面作为政府安全监管的参谋和助手，为政府安全监管建言献策、提供支撑；另一方面作为企业安全生产的顾问和助理，为企业安全生产把脉问诊，提供服务。同时，有关协会组织又是政府与会员单位联系的桥梁和纽带，在明确生产经营单位事故隐患排查治理职责，督促生产经营单位强化生产安全事故隐患排查治理工作，将事故消灭在萌芽状态，实现防患于未然等工作上，起着极其重要的作用。

第十三条 依法设立的为安全生产提供技术、管理服务的机构，依照法律、行政法规和执业准则，接受生产经营单位的委托为其安全生产工作提供技术、管理服务。

生产经营单位委托前款规定的机构提供安全生产技术、管理服务的，保证安全生产的责任仍由本单位负责。

【条文释义】

本条是关于为安全生产提供技术、管理服务的机构的规定，为修订条款。

本条第一款为修订内容。为安全生产提供技术、管理服务的机构必须遵守法律、行政法规的有关规定和执业准则，按照生产经营单位的委托，为生产经营单位提供有关的评价、检测、检验、认证、咨询、培训、管理等客观、公正、良好的技术、管理服务。安全生产服务机构根据生产经营单位的委托执行业务，生产经营单位对此类机构有自主选择权。有关政府部门不得强令生产经营单位接受其指定的机构的服务。为生产经营单位提供安全生产技术、管理服务的机构,应当具备国家规定的资质条件,要对其作出的安全评价、认证、检测、检验结果负责。此类机构既不同于行政机关,也不同于一般的生产经营单位和事业组织,依法独立履行职责的权利受法律保护,并对其结果负责,承担法律责任,任何单位和个人不得非法干预。本次修订将"提供技术服务的中介机构"修改为"提供技术、管理服务的机构",扩大了覆盖范围。

本条第二款为新增内容。提供技术、管理服务的机构不具体承担所受委托单位的安全生产责任,生产经营单位是安全生产的主体,安全生产责任应由生产经营单位承担。

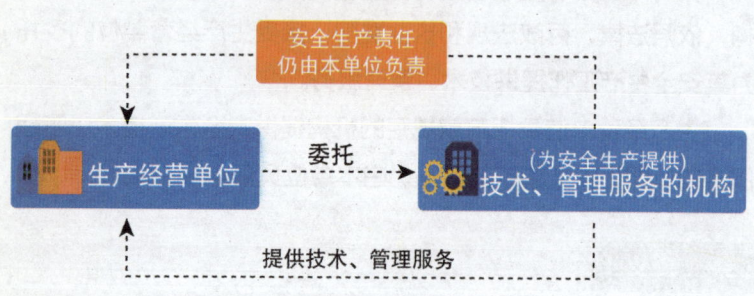

第十四条 国家实行生产安全事故责任追究制度,依照本法和有关法律、法规的规定,追究生产安全事故责任人员的法律责任。

【条文释义】

本条是关于实行生产安全事故责任追究制度的规定,为保留条款。

第一章 总则

依法严肃追究生产安全事故有关责任人员的法律责任，对于惩罚和教育责任者本人、促使有关人员提高责任心，保证有关安全生产的法律、法规得到遵守，保障安全生产，具有十分重要的意义。任何生产安全事故的责任人都必须受到相应的责任追究。

生产安全事故责任人员，既包括生产经营单位中对造成事故负有直接责任的人员，也包括生产经营单位中对安全生产负有领导责任的单位负责人，还包括有关地方人民政府及其有关部门对生产安全事故的发生负有领导责任或者有失职、渎职情形的有关人员。

正确贯彻这一制度应当注意以下三个问题：
（1）客观上必须有生产安全事故的发生；
（2）承担责任的主体必须是事故责任人；
（3）必须依法追究责任。

第十五条 国家鼓励和支持安全生产科学技术研究和安全生产先进技术的推广应用，提高安全生产水平。

【条文释义】

本条是关于国家鼓励和支持提高安全生产科学技术研究和推广应用的政策性的规定，为保留条款。

生产安全事故虽然有意外性、偶然性和突发性，但它又总有一定的规律。要达到预防和减少事故的目的，就要努力去发现这种规律，并采取相应的有效措施加以防范。这就要求我们必须加强安全生产的科学技术研究工作，要针对各行业生产经营活动的特点，加强对安全高效的设备、工具、工艺方法和有效的安全防护用品的研究开发，加强对安全生产先进管理方法的研究，依靠科学技术保障安全生产。政府及政府有关部门应当从资金、税收、人才等多方面采取优惠措施，鼓励和支持安全生产的科学技术研究工作。

安全生产的科学技术研究成果，只有在生产经营实践中得到推广应用，才能发挥保障生产安全的实际作用。企业、事业单位应当以对人的生命安全高度负责的态度，努力采用能保障生产安全的先进适用技术；政府及有关部门应当采取有效的措施，鼓励和支持安全生产技术的推广应用。

第十六条 国家对在改善安全生产条件、防止生产安全事故、参加抢险救护等方面取得显著成绩的单位和个人，给予奖励。

【条文释义】

本条是关于对在安全生产方面作出显著成绩的单位和个人给予奖励的规定，为保留条款。

在安全生产方面作出显著成绩的单位和个人，为保证生产安全，预防和减少事故的发生，维护国家和人民群众的生命财产安全，作出了贡献，国家应当给予奖励，彰显他们的事迹，在全社会树立榜样，以鼓励和提高人们为保证安全生产而努力工作的积极性。

按照本条规定，凡在以下几个方面为安全生产工作作出显著成绩的，由国家给予奖励：

（1）在改善安全生产条件方面作出显著成绩的；

（2）在防止生产安全事故方面作出显著成绩的；

（3）参加抢险救护作出显著成绩的。

受奖励的主体，既可以是单位，也可以是个人，只要在上述几方面作出显著成绩的，都应依法给予奖励。

第二章 生产经营单位的安全生产保障

第十七条 生产经营单位应当具备本法和有关法律、行政法规和国家标准或者行业标准规定的安全生产条件;不具备安全生产条件的,不得从事生产经营活动。

【条文释义】

本条是关于生产经营单位从事生产经营活动应当具备安全生产条件的规定,为保留条款。

生产经营单位要保证生产经营活动安全地进行,防止和减少生产安全事故的发生,必须在生产经营设施、设备、人员素质、管理制度、采用的工艺技术等方面都达到相应的要求,具备必要的安全生产条件。本法和其他有关法律、行政法规对生产经营单位必须具备的安全生产条件作了规定。

本法规定的安全生产的国家标准或者行业标准,是指由国务院标准化行政主管部门或其他有关主管部门依照《中华人民共和国标准化法》的规定制定的与安全生产有关的、对生产中的设计、施工、制造、检验等技术事项所作的一系列统一规定。安全生产的国家标准或者行业标准是有关安全生产的技术性规范,是执行安全生产法律、法规的具体保证,它贯穿于企业生产的全过程,对于保证企业生产的安全进行起着重要的作用。按照《中华人民共和国标准化法》关于强制性标准的规定,有关安全生产的国家标准或行业标准属于必须执行的强制性标准。为此，本法重申，生产经营单位的安全生产条件必须达到有关安全生产的国家标准或行业标准规定的要求，否则不得从事生产经营活动。

第十八条　生产经营单位的主要负责人对本单位安全生产工作负有下列职责：

（一）建立、健全本单位安全生产责任制；

（二）组织制定本单位安全生产规章制度和操作规程；

（三）组织制定并实施本单位安全生产教育和培训计划；

（四）保证本单位安全生产投入的有效实施；

（五）督促、检查本单位的安全生产工作，及时消除生产安全事故隐患；

（六）组织制定并实施本单位的生产安全事故应急救援预案；

（七）及时、如实报告生产安全事故。

第二章 生产经营单位的安全生产保障

【条文释义】

本条是关于生产经营单位主要负责人安全生产职责的规定，为修订条款。

生产经营单位的主要负责人享有本单位最重大的管理权利，也承担着最重大的管理责任。要切实将安全生产工作落到实处，必须由企业"一把手"带队，统筹协调企业资源，在确保安全生产的前提下开展生产经营活动。

根据本条规定，生产经营单位的主要负责人对本单位的安全生产工作负有下列职责：

（1）建立、健全本单位安全生产责任制。安全生产责任制将安全生产责任层层分解，层层落实到具体岗位的具体人员身上，让各级人员明确其在安全方面所须履行的义务和须承担的责任。

（2）生产经营单位的主要负责人应当组织制定本单位的安全生产规章制度和操作规程，并保证其有效实施。

（3）组织制定并实施本单位安全生产教育和培训计划。安全教育培训计划，是企业全年的安全培训工作内容的总领和工作目标。只有科学设置、合理安排、符合国家规范且顺应安全生产形势的安全教育培训计划才能指导企业安全培训工作正常、有序地展开。这是本次修订新增的内容。

（4）保证本单位安全生产投入的有效实施。安全生产投入是保障生产经营单位安全生产的重要基础，也是法律、法规以及国家标准或者行业标准规定所要求的用于安全设施建设、劳动防护用品配备、人员培训等的资金投入。

（5）督促、检查本单位的安全生产工作，及时消除生产安全事故隐患。生产经营单位主要负责人可以通过定期或不定期地召开安

第二部分 新修订《安全生产法》条文解读

全生产管理会议,听取本单位安全生产管理机构的汇报等方式了解企业存在的安全问题及潜在的生产安全事故隐患,督促相关部门限期整改、解决。

(6)组织制定并实施本单位的生产安全事故应急救援预案。事故应急救援预案是生产经营单位针对可能发生的事故,为迅速、有序地开展应急行动而预先制定的行动方案。

(7)及时、如实报告生产安全事故。生产经营单位发生事故,现场人员应当立即报告本单位负责人,本单位负责人接到报告后,应立即组织抢救,并依法如实报告有关部门。

主要负责人的七项职责

建立、健全本单位安全生产责任制

组织制定本单位安全生产规章制度和操作规程

组织制定并实施本单位安全生产教育和培训计划

保证本单位安全生产投入的有效实施

督促、检查本单位的安全生产工作,及时消除生产安全事故隐患

组织制定并实施本单位的生产安全事故应急救援预案

及时、如实报告生产安全事故

第十九条 生产经营单位的安全生产责任制应当明确各岗位的责任人员、责任范围和考核标准等内容。

生产经营单位应当建立相应的机制,加强对安全生产责任制落实情况的监督考核,保证安全生产责任制的落实。

【条文释义】

本条是关于安全生产责任制的具体要求和监督落实的规定，为新增条款。

安全生产责任制是指由企业主要负责人应负的安全生产责任，以及其他各级管理人员、技术人员和各职能部门应负的安全生产责任，直到各岗位操作人员应负的本岗位安全生产责任所构成的企业全员安全生产制度，是企业安全生产规章制度中的重要组成部分。

建立安全生产责任制，可以增强生产经营单位主要负责人、各级管理人员及各岗人员对安全生产的责任感；明确责任，充分调动各级人员和各管理部门安全生产的积极性和主观能动性，加强自主管理，落实责任。

在企业安全生产责任制中，企业的主要负责人应对本单位的安全生产工作全面负责，其他各级管理人员、职能部门、技术人员和各岗位操作人员，应当根据各自的工作任务、岗位特点，确定其在安全生产方面应做的工作和应负的责任，从领导到一线职工的安全责任全部落实，这就是我们常说的纵向到底，而各职能部门的安全责任全部落实，就是横向到边。只有落实了安全生产责任制，其他安全规章制度才能落实，各类人员和各职能部门才能职责明确，分工协作，共同努力搞好安全生产，才能避免安全工作职责不明、相互推诿。

为进一步落实安全生产责任制，生产经营单位应当建立与之协调一致的安全生产管理体制、机制，应做到与岗位工作性质、管理职责协调一致，做到明确、具体、有可操作性，应有明确的监督、检查标准或指标，保证责任制的落实。同时，生产经营单位应当依法建立相应的考核标准，包括考核对象、考核人、考核方式、考核期、考核评价、考核奖罚等内容。最后，应严格按照相关考核标准进行考核，严格考核是落实安全生产责任制的关键。

第二十条 生产经营单位应当具备的安全生产条件所必需的资金投入，由生产经营单位的决策机构、主要负责人或者个人经营的投资人予以保证，并对由于安全生产所必需的资金投入不足导致的后果承担责任。

有关生产经营单位应当按照规定提取和使用安全生产费用，专门用于改善安全生产条件。安全生产费用在成本中据实列支。安全生产费用提取、使用和监督管理的具体办法由国务院财政部门会同国务院安全生产监督管理部门征求国务院有关部门意见后制定。

【条文释义】

本条是关于生产经营单位的决策机构、主要负责人或者个人经营的投资人必须保证安全生产资金投入以及安全生产费用提取、使用和监督管理的具体规定，为修订条款。

本条第一款为保留内容。本法要求生产经营单位从事生产经营活动必须具备本法和有关法律、行政法规和国家标准或者行业标准规定的安全生产条件。生产经营单位要达到这一要求，必须要有足够的资金保证，用于安全设施的建设、为职工配备劳动防护用品、对安全设备进行检测、维护、保养等。生产经营单位应当具备的安全生产条件所必需的资金投入，由生产经营单位的决策机构、主要负责人或者个人经营的投资人予以保证。且安全生产所必需的资金

第二章 生产经营单位的安全生产保障

投入不足导致后果的,生产经营单位的决策机构、主要负责人或者个人经营的投资人应当对后果负责,即承担相应的法律责任,包括民事赔偿责任、行政责任以及刑事责任。

本条第二款为新增内容。关于生产经营单位对安全生产费用的提取、使用和监督管理的具体办法,目前执行的是《关于印发〈企业安全生产费用提取和使用管理办法〉的通知》(财企〔2012〕16号),安全生产费用在成本中据实列支,这让有关生产经营单位可以在税前扣除,解决各行业、领域生产经营单位安全生产资金投入来源问题,无疑是对提取、使用安全生产费用起到极大的推动作用。另外,制定安全生产费用提取、使用和监督管理的具体办法的部门,由国务院财政部门会同国务院安全生产监督管理部门征求国务院有关部门意见后制定,制定出的具体办法,财税部门必须执行。由法律授权制定部门,有效避免政出多门,标准不一。

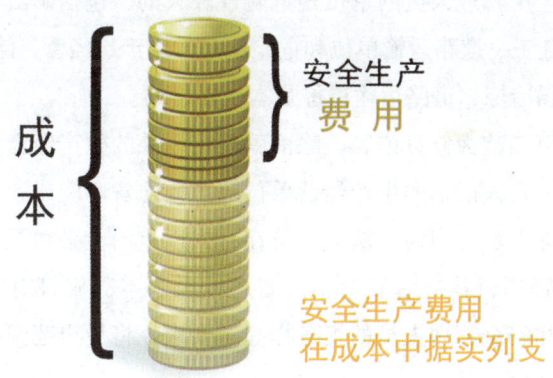

第二部分 新修订《安全生产法》条文解读

第二十一条 矿山、金属冶炼、建筑施工、道路运输单位和危险物品的生产、经营、储存单位,应当设置安全生产管理机构或者配备专职安全生产管理人员。

前款规定以外的其他生产经营单位,从业人员超过一百人的,应当设置安全生产管理机构或者配备专职安全生产管理人员;从业人员在一百人以下的,应当配备专职或者兼职的安全生产管理人员。

【条文释义】

本条是关于生产经营单位设置安全生产管理机构和配备安全生产管理人员的规定,为修订条款。

本条第一款为修订内容。应当设置安全生产管理机构或者配备专职安全生产管理人员的单位是危险性较大的,包括矿山、金属冶炼、建筑施工、道路运输单位和危险物品的生产、经营、储存单位。其中,金属冶炼、道路运输单位是本次新增的。

本条第二款为修订内容。除前款规定以外的生产经营单位,从业人员在一百人以下的生产经营单位应当要配备专职或者兼职的安全生产管理人员。同时,从业人员在百人以上的,必须要有自己的安全生产管理机构或者安全生产管理人员。本次修订对安全管理机构设置和安全管理人员的配备提高了要求,将界定范围由原来的三百人修订为一百人。

另外,修订前规定的可以委托"具有国家规定的相关专业技术资格的工程技术人员"被取消。安全生产的技术、管理服务不得再委托给个人。

第二章 生产经营单位的安全生产保障

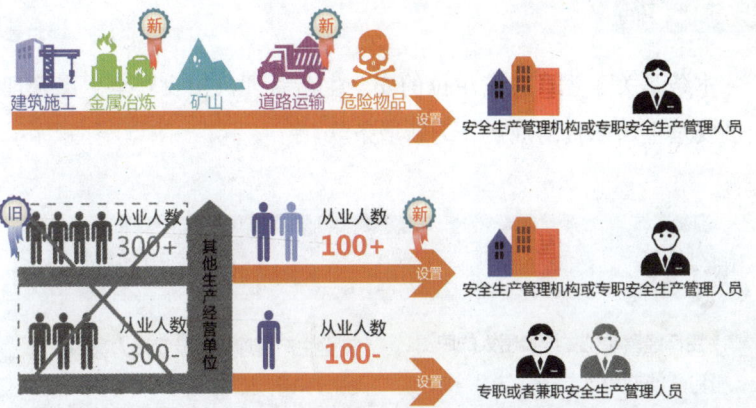

第二十二条 生产经营单位的安全生产管理机构以及安全生产管理人员履行下列职责：

（一）组织或者参与拟订本单位安全生产规章制度、操作规程和生产安全事故应急救援预案；

（二）组织或者参与本单位安全生产教育和培训，如实记录安全生产教育和培训情况；

（三）督促落实本单位重大危险源的安全管理措施；

（四）组织或者参与本单位应急救援演练；

（五）检查本单位的安全生产状况，及时排查生产安全事故隐患，提出改进安全生产管理的建议；

（六）制止和纠正违章指挥、强令冒险作业、违反操作规程的行为；

（七）督促落实本单位安全生产整改措施。

第二部分 新修订《安全生产法》条文解读

【条文释义】

本条是关于生产经营单位的安全生产管理机构及安全生产管理人员安全生产职责的规定,为新增条款。

生产经营单位的主要负责人和安全生产管理机构、管理人员的职责对比

生产经营单位主要负责人的职责 注:详见第十八条	安全生产管理机构及管理人员的职责
相似职责	
(二)组织制定本单位安全生产规章制度和操作规程	(一)组织或者参与拟订本单位安全生产规章制度、操作规程和生产安全事故应急救援预案;
(三)组织制定并实施本单位安全生产教育和培训计划	(二)组织或者参与本单位安全生产教育和培训,如实记录安全生产教育和培训情况
(六)组织制定并实施本单位的生产安全事故应急救援预案	(一)组织或者参与拟订本单位安全生产规章制度、操作规程和生产安全事故应急救援预案; (四)组织或者参与本单位应急救援演练
(五)督促、检查本单位的安全生产工作,及时消除生产安全事故隐患	(五)检查本单位的安全生产状况,及时排查生产安全事故隐患,提出改进安全生产管理的建议
各自职责	
(一)建立、健全本单位安全生产责任制	(三)督促落实本单位重大危险源的安全管理措施
(四)保证本单位安全生产投入的有效实施	(六)制止和纠正违章指挥、强令冒险作业、违反操作规程的行为
(七)及时、如实报告生产安全事故	(七)督促落实本单位安全生产整改措施

本条作为新增条款,是本次修订的亮点。做好安全生产工作,落实生产经营单位主体责任是根本。新法把明确安全责任、发挥生产经营单位安全生产管理机构及安全生产管理人员作用作为一项重

第二章 生产经营单位的安全生产保障

要内容,明确生产经营单位的安全生产管理机构以及安全生产管理人员履行的七项职责,并与本法第十八条主要负责人的职责密切对应、配套。

> **第二十三条** 生产经营单位的安全生产管理机构以及安全生产管理人员应当恪尽职守,依法履行职责。
>
> 生产经营单位作出涉及安全生产的经营决策,应当听取安全生产管理机构以及安全生产管理人员的意见。
>
> 生产经营单位不得因安全生产管理人员依法履行职责而降低其工资、福利等待遇或者解除与其订立的劳动合同。
>
> 危险物品的生产、储存单位以及矿山、金属冶炼单位的安全生产管理人员的任免,应当告知主管的负有安全生产监督管理职责的部门。

【条文释义】

本条是对生产经营单位安全生产管理机构以及安全生产管理人员权利的规定,为新增条款。

第二十二条明确规定了安全生产管理机构以及安全生产管理人员的七项职责,而本条则从职能要求方面对安全生产管理机构以及安全生产管理人员的职责进一步予以规范。

本条第一款首先明确了安全生产管理机构以及安全生产管理人员的一般职责要求,规定其应当恪尽职守,依法履行职责。需强调的是,法定职能不容推诿。

本条第二款则对安全生产管理机构以及安全生产管理人员的管

第二部分 新修订《安全生产法》条文解读

理权力进行了一定的程序界定，即生产经营单位作出涉及安全生产的经营决策，应当听取安全生产管理人员的意见，否则，相关经营决策有可能违法。

本条第三款对安全生产管理者的职责给予了明确的劳动保障，规定生产经营单位不得因安全生产管理人员依法履行职责而降低其待遇或者解除其劳动合同。

本条第四款则更进一步从外部的行政监管角度强化了安全生产管理者的职能，规定危险物品的生产、储存单位以及矿山、金属冶炼单位的安全生产管理人员的任免，应当告知有关主管部门。

第二章 生产经营单位的安全生产保障

第二十四条 生产经营单位的主要负责人和安全生产管理人员必须具备与本单位所从事的生产经营活动相应的安全生产知识和管理能力。

危险物品的生产、经营、储存单位以及矿山、金属冶炼、建筑施工、道路运输单位的主要负责人和安全生产管理人员，应当由主管的负有安全生产监督管理职责的部门对其安全生产知识和管理能力考核合格。考核不得收费。

危险物品的生产、储存单位以及矿山、金属冶炼单位应当有注册安全工程师从事安全生产管理工作。鼓励其他生产经营单位聘用注册安全工程师从事安全生产管理工作。注册安全工程师按专业分类管理，具体办法由国务院人力资源和社会保障部门、国务院安全生产监督管理部门会同国务院有关部门制定。

【条文释义】

本条是对生产经营单位主要负责人、安全生产管理人员安全生产知识和管理能力要求及注册安全工程师的规定，为修订条款。

本条第一款为保留内容。生产经营单位的主要负责人对本单位的安全生产工作负责，生产经营单位的安全生产管理人员是本单位直接实施安全生产管理工作的人员。这就要求生产经营单位的主要负责人必须具备与本单位所从事的生产经营活动相应的安全生产知识，同时具有领导安全生产管理工作和处理生产安全事故的能力。

本条第二款为修订内容。危险物品的生产、经营、储存单位以及矿山、金属冶炼、建筑施工、道路运输单位都是危险性比较大的生产经营单位，对于这些单位的主要负责人和安全生产管理人员，应该有更加严格的要求，应当由主管的负有安全生产监督管理职责的部门对其安全生产知识和管理能力进行考核。其中，金属冶炼、道路运输单位为本次修订新增的。

本条第三款为新增内容，是本法此次修订的亮点之一。为解决中小企业安全生产"无人管、不会管"问题，促进安全生产管理人员队伍朝着专业化、职业化方向发展，新法确立了注册安全工程师制度，并从两个方面加以推进：一是危险物品的生产、储存单位以及矿山、金属冶炼单位应当有注册安全工程师从事安全生产管理工作，鼓励其他生产经营单位聘用注册安全工程师从事安全生产管理工作；二是建立注册安全工程师按专业分类管理制度，授权国务院有关部门制定具体实施办法。

第二章 生产经营单位的安全生产保障

第二十五条 生产经营单位应当对从业人员进行安全生产教育和培训，保证从业人员具备必要的安全生产知识，熟悉有关的安全生产规章制度和安全操作规程，掌握本岗位的安全操作技能，了解事故应急处理措施，知悉自身在安全生产方面的权利和义务。未经安全生产教育和培训合格的从业人员，不得上岗作业。

生产经营单位使用被派遣劳动者的，应当将被派遣劳动者纳入本单位从业人员统一管理，对被派遣劳动者进行岗位安全操作规程和安全操作技能的教育和培训，劳务派遣单位应当对被派遣劳动者进行必要的安全生产教育和培训。

生产经营单位接收中等职业学校、高等学校学生实习的，应当对实习学生进行相应的安全生产教育和培训，提供必要的劳动防护用品。学校应当协助生产经营单位对实习学生进行安全生产教育和培训。

生产经营单位应当建立安全生产教育和培训档案，如实记录安全生产教育和培训的时间、内容、参加人员以及考核结果等情况。

【条文释义】

本条是关于生产经营单位对被派遣劳动者、从业人员和实习人员进行安全生产教育和培训的规定，为修订条款。

本条第一款为修订内容。通过安全生产教育和培训，可以使广大劳动者按规章办事，严格执行安全生产操作规程，认识和掌握生产中的危险因素和生产安全事故的发生规律，并正确运用科学技术知识加以治理和预防，及时发现和消除事故隐患，保证安全生产。

第二部分 新修订《安全生产法》条文解读

通过安全生产教育和培训,生产经营单位要保证从业人员具备从事本职工作所应当具备的安全生产知识,熟悉有关的安全生产规章制度和安全操作规程,掌握本岗位的安全操作技能,了解事故应急处理措施,知悉自身在安全生产方面的权利和义务,对于没有经过安全生产教育和培训包括培训不合格的从业人员,生产经营单位不得安排其上岗作业。其中,"了解事故应急处理措施,知悉自身在安全生产方面的权利和义务"为本次修订新增的。

本条第二款为新增内容。我国相关法律法规在规范劳动用工,保障被派遣劳动者合法权益方面作了明确规定:劳务派遣单位应当建立培训制度,对被派遣劳动者进行上岗知识、安全教育培训。本款规定是对此项内容的完善和明确,指出生产经营单位应当将被派遣劳动者纳入本单位从业人员统一管理,对被派遣劳动者进行岗位安全操作规程和安全操作技能的教育和培训。

本条第三款为新增内容。国家规定,实习单位要根据接收学生实习的需要,建立、健全本单位安全生产责任制,制定相关安全生产规章制度和操作规程,制定并实施本单位的生产安全事故应急救

第二章 生产经营单位的安全生产保障

援预案，为实习场所配备必要的安全保障器材，为实习学生提供必需的劳动防护用品，保障学生实习期间的人身安全。学校和实习生产单位应当对实习学生进行岗前安全生产教育和培训，保证实习学生具备必要的安全生产知识，掌握本岗位的安全操作技能。未经安全生产教育和培训合格的实习学生，不得上岗作业。

本条第四款为新增内容。生产经营单位应当建立安全生产教育和培训档案，如实记录安全生产教育和培训的时间、内容、参加人员以及考核结果等情况。新增此项内容，明确表示安全生产监督管理部门将在安全培训方面加大对企业的监督力度。

第二十六条 生产经营单位采用新工艺、新技术、新材料或者使用新设备，必须了解、掌握其安全技术特性，采取有效的安全防护措施，并对从业人员进行专门的安全生产教育和培训。

【条文释义】

本条是关于生产经营单位采用新工艺、新技术、新材料或者使用新设备时的安全要求的规定，为保留条款。

生产经营单位对采用的新工艺、新技术、新材料或者使用新的设备，必须要掌握其安全技术特性，对该工艺、技术的原理、操作规程有清楚的把握，了解该材料、设备的构成、性质。对采用的新工艺、新技术、新材料或者新设备在生产过程中可能产生的危险因素的性质、可能产生的危害后果、如何预防这种危险因素造成事故的措施以及万一发生事故应如何妥善处理等事项，都要了解和掌握。

生产经营单位采用新工艺、新技术、新材料或者使用新设备，还应当对相关的从业人员进行专门的安全生产教育和培训,使其掌握相关的安全规章制度和安全操作规程,具备必要的安全生产知识和安全操作技能。这既是对从业人员知情权的保障,也是保障生产安全进行的一项重要措施。

第二十七条 生产经营单位的特种作业人员必须按照国家有关规定经专门的安全作业培训,取得相应资格,方可上岗作业。

特种作业人员的范围由国务院安全生产监督管理部门会同国务院有关部门确定。

【条文释义】

本条是关于生产经营单位特种作业人员的从业资格及范围的规定,为修订条款。

本条第一款为修订条款。特种作业人员在工作中接触的危险因素较多,危险性较大,很容易发生生产安全事故,而一旦发生事故,不仅对作业人员本人,而且会对他人和周围设施造成很大伤害。因此,对特种作业人员进行专门的培训教育,实行严格的管理,减少他们的失误,对防止和减少生产安全事故具有重要意义。所以,本条规定,特种作业人员必须按照国家有关规定经过专门的安全作业培训,取得相应资格,方可上岗作业;没有相应资格的,不得上岗从事特种作业。其中,将"取得特种作业操作资格证书"修订为"取得相应资格"。

本条第二款为修订内容。由于各个行业都存在容易发生人员伤亡的事故,对操作者本人、他人及周围设施的安全有重大危害的作

第二章 生产经营单位的安全生产保障

业，以前国务院有关主管部门都曾经对特种作业人员的范围进行过规定。为了统一标准，便于管理，减轻生产经营单位的负担，避免其无所适从，本条特别作出规定，特种作业人员的范围由国务院安全生产监督管理部门会同国务院有关部门确定。在本法正式实施以后，有关特种作业人员的范围应以国务院安全生产监督管理部门会同国务院有关部门确定的范围为准。

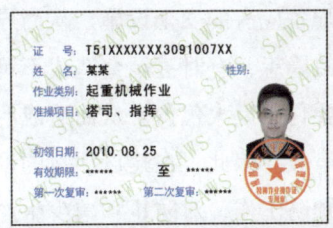

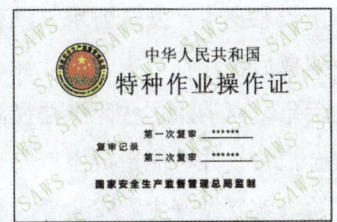

第二十八条 生产经营单位新建、改建、扩建工程项目（以下统称建设项目）的安全设施，必须与主体工程同时设计、同时施工、同时投入生产和使用。安全设施投资应当纳入建设项目概算。

第二部分 新修订《安全生产法》条文解读

【条文释义】

本条是关于建设项目的安全设施"三同时"原则的规定,为保留条款。

建设项目的安全设施必须与主体工程同时设计、同时施工、同时投入生产和使用,通常称为"三同时"原则。生产安全事故的发生,很多是由于生产经营单位缺乏安全生产意识,在建设项目的设计和施工阶段忽视生产安全要求,没有配备应有的安全设施,从而导致项目建成后,存在严重的设计性事故隐患,有时甚至会造成不可挽回的后果,而消除这些隐患往往需要付出巨大代价,从而造成严重的资金浪费,并可能造成生产安全事故。因此,在建设项目的设计施工阶段就要做好生产安全事故的预防工作,对防止和减少生产安全事故,具有重要意义。

建设项目概算,也称建设项目投资概算,是指对进行某项工程建设预计花费的全部费用的计划。安全设施投资纳入建设项目概算,可以为保证安全设施的设计、施工提供资金保障,对于落实安全设施与主体工程的"三同时"具有重大意义。

第二章 生产经营单位的安全生产保障

因此，针对目前实际中大量存在的生产经营单位不重视安全设施建设资金投入的问题，本条有针对性地规定了建设项目的安全设施投资应当纳入建设项目概算。生产经营单位必须照此办理，并切实按照建设项目概算落实安全设施投资。

> **第二十九条** 矿山、金属冶炼建设项目和用于生产、储存、装卸危险物品的建设项目，应当按照国家有关规定进行安全评价。

【条文释义】

本条是关于对矿山、金属冶炼建设项目和用于生产、储存、装卸危险物品的建设项目进行安全评价的规定，为修订条款。

下列建设项目应当进行安全评价

- **矿山** 建设项目
- **金属冶炼** 建设项目 〔新〕
- **生产危险物品** 建设项目
- **储存危险物品** 建设项目
- **装卸危险物品** 建设项目 〔新〕

本次修订在原高危建设项目上增加了金属冶炼和危险物品装

第二部分 新修订《安全生产法》条文解读

卸。以往,因为其产品不是危险化学品,未列入危险化学品建设项目,没有重点监管。其次,实践证实,危险品的装卸过程也是事故易发的过程,所以此次修订将其列入法律范畴。

现行安全生产法设定的行政审批项目,对加强安全生产监管发挥了重要作用,保留这些审批项目符合行政许可法的精神,同时也要根据行政审批制度改革的要求,对其中存在重复、交叉或者实际效果不明显的审批项目进行必要调整。因此,本次修改将矿山等高危建设项目"安全条件论证"和"安全评价"这两项审批项目合并为"安全评价"一项。

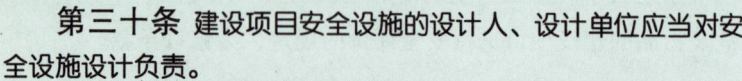

第三十条 建设项目安全设施的设计人、设计单位应当对安全设施设计负责。

矿山、金属冶炼建设项目和用于生产、储存、装卸危险物品的建设项目的安全设施设计应当按照国家有关规定报经有关部门审查,审查部门及其负责审查的人员对审查结果负责。

【条文释义】

本条是关于建设项目安全设施的设计人、设计单位以及安全设施设计的审查部门及人员的责任的规定,为修订条款。

本条第一款为保留内容。建设项目的安全设施的设计单位及其人员要以对安全设施质量高度负责的态度,认真地做好设计工作,加强对设计过程的质量控制,确保设计工作的质量万无一失。如果由于设计质量出了问题,影响安全设施的质量,则应由设计单位、设计人对因此造成的损失承担责任。

第二章 生产经营单位的安全生产保障

本条第二款为修订内容。矿山、金属冶炼建设项目和用于生产、储存、装卸危险物品的建设项目，同其他建设项目相比具有更大的危险性，应当由有关部门对其安全设施的设计进行审查，主要是审查安全评价报告对建设项目提出的安全措施和要求，是否贯彻落实到建设项目安全设施的设计中，安全设施的设计是否符合有关法律、法规以及国家标准或者行业标准的规定等。只有符合有关规定，经审查同意的，方可施工。其中，"金属冶炼"和"装卸危险物品"为新增项目。

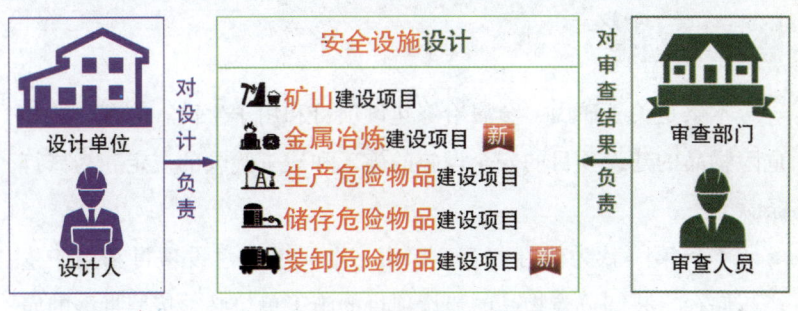

参加矿山、金属冶炼建设项目和用于生产、储存、装卸危险物品的建设项目的安全设施设计审查的有关部门及其负责审查的人员，必须坚持原则，认真负责，对不符合有关法律、法规、国家标准或者行业标准的设计，不得同意批准。审查部门及其负责审查的人员对审查结果负责，对于有失职、渎职行为的，应按照本法相关规定追究其法律责任。

第三十一条 矿山、金属冶炼建设项目和用于生产、储存、装卸危险物品的建设项目的施工单位必须按照批准的安全设施设计施工，并对安全设施的工程质量负责。

矿山、金属冶炼建设项目和用于生产、储存危险物品的建设项目竣工投入生产或者使用前，应当由建设单位负责组织对安全设施进行验收；验收合格后，方可投入生产和使用。安全生产监督管理部门应当加强对建设单位验收活动和验收结果的监督核查。

【条文释义】

本条是关于矿山、金属冶炼建设项目和用于生产、储存、装卸危险物品的建设项目的安全设施的施工和竣工验收的规定，为修订条款。

本条第一款为修订内容。矿山、金属冶炼建设项目和用于生产、储存、装卸危险物品的建设项目的施工单位必须按照批准的安全设施设计施工。就是说，安全设施设计一经批准，必须严格执行。施工单位不得擅自改变已批准的安全设施设计。施工单位应当对安全设施的工程质量负责，鉴于安全设施对矿山、金属冶炼建设项目和用于生产、储存、装卸危险物品的建设项目的极端重要性，必须保证安全设施的工程质量。其中，"金属冶炼"和"装卸危险物品"为新增项目。

本条第二款为修订内容。矿山、金属冶炼建设项目和用于生产、储存危险物品的建设项目的安全设施的竣工验收是对建设项目质量的一次全面检查和评定。矿山、金属冶炼建设项目和用于生产、储存危险物品的建设项目，应当由建设单位组织对其安全设施进行验收。安全设施经验收合格后，方可投入生产和使用。同时，本条还明确安全生产监督管理部门应当加强对建设单位验收活动和验收结果的监督核查，即建设单位必须严格遵守有关法律、行政法规的规定，按照有关安全设施的标准进行验收，对于不符合要求的安全设施，不能予以验收通过。安全生产监督管理部门对建设单位的验收活动和验收结果进行监督核查。其中，"应当由建设单位组织对安全设施进行验收"、"安全生产监督管理部门应当加强对建设单位验收活动和验收结果的监督核查"为修订内容。

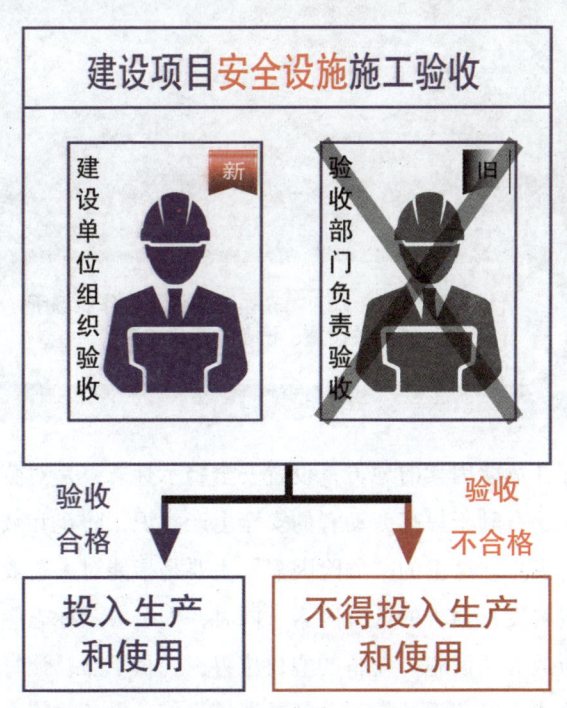

第二部分 新修订《安全生产法》条文解读

第三十二条 生产经营单位应当在有较大危险因素的生产经营场所和有关设施、设备上,设置明显的安全警示标志。

【条文释义】

本条是关于生产经营单位设置安全警示标志的规定,为保留条款。

安全警示标志应当设置在作业场所或有关设施、设备的醒目位置。

在存在危险因素的地方,设置安全警示标志,是对劳动者知情权的保障,有利于提高劳动者的安全生产意识,防止和减少生产安全事故的发生。这里的"危险因素"主要是指能对人造成伤亡或者对物造成突发性损害的各种因素。同时,安全警示标志应当设置在作业场所或有关设施、设备的醒目位置,一目了然,让每一个在该场所从事生产经营活动的劳动者或者该设施、设备的使用者,都能

第二章 生产经营单位的安全生产保障

够清楚地看到；不能设置在让劳动者很难找得到的地方。这样，才能真正起到警示作用。而且警示标志不能模糊不清，必须易于辨认。

第三十三条 安全设备的设计、制造、安装、使用、检测、维修、改造和报废，应当符合国家标准或者行业标准。

生产经营单位必须对安全设备进行经常性维护、保养，并定期检测，保证正常运转。维护、保养、检测应当作好记录，并由有关人员签字。

【条文释义】

本条是关于生产经营单位安全设备的规定，为保留条款。

本条第一款所称的安全设备，主要是指为了保护劳动者安全、防止生产安全事故发生以及在发生生产安全事故时用于救援而安装

使用的机械设备和器械。实践中,因为安全设备的设计、制造、安装、使用、检测、维修、改造和报废不符合有关标准而导致发生生产安全事故或造成重大损失的情况屡见不鲜。为了防患于未然,本法制定了本条规定。

本条第二款规定是为了保证安全设备在安装使用后处于正常运转的状态,真正起到保证生产安全的作用。

第三十四条 生产经营单位使用的危险物品的容器、运输工具,以及涉及人身安全、危险性较大的海洋石油开采特种设备和矿山井下特种设备,必须按照国家有关规定,由专业生产单位生产,并经具有专业资质的检测、检验机构检测、检验合格,取得安全使用证或者安全标志,方可投入使用。检测、检验机构对检测、检验结果负责。

【条文释义】

本条是关于危险物品的容器、运输工具、海洋石油开采特种设备和矿山井下特种设备的特殊管理规定,为修订条款。

本条是对《中华人民共和国特种设备安全法》规定的特种设备以外的特种设备的补充,所以对海洋石油开采特种设备和矿山井下特种设备予以单独的法律规定。

这类产品必须根据国家有关规定,由专业生产单位生产,其他任何单位和个人不得生产。其次,在投入使用前,必须经取得专业资质的检测、检验机构检测、检验合格,取得安全使用证或者安全标志。未经检测、检验或者经检测、检验不合格的,不得投入使用。

根据这一规定的要求,生产经营单位在选购特种设备和危险物品的容器、运输工具时,必须审查生产单位是否具有生产资格,对非专业生产单位生产的此类产品,不得购买。同时,必须委托取得专业资质的检测、检验机构进行检测、检验。

为了确保检测、检验机构依法履行职责,公正、客观,本条还明确规定,检测、检验机构对检测、检验结果负责。这就要求检测、检验机构在检测、检验时,必须认真负责,按照规定的技术标准和要求进行检测、检验,提出科学、客观的结论。检测、检验应当出具专业检测、检验证明(报告)。检测、检验合格的,发给安全使用证或者安全标志;不合格的,不得发给安全使用证或者安全标志。因检测、检验机构的原因,致使不合格的危险物品的容器、运输工具和海洋石油开采特种设备和矿山井下特种设备投入使用,并造成后果的,检测、检验机构及其有关人员应当承担相应的法律责任。

第三十五条 国家对严重危及生产安全的工艺、设备实行淘汰制度,具体目录由国务院安全生产监督管理部门会同国务院有关部门制定并公布。法律、行政法规对目录的制定另有规定的,适用其规定。

省、自治区、直辖市人民政府可以根据本地区实际情况制定并公布具体目录,对前款规定以外的危及生产安全的工艺、设备予以淘汰。

生产经营单位不得使用应当淘汰的危及生产安全的工艺、设备。

【条文释义】

本条是关于严重危及生产安全的工艺、设备淘汰制度的规定，为修订条款。

本条第一款为修订内容。为了从根本上防止生产安全事故的发生，防止资金的浪费，国家应当对落后的、严重危及生产安全的工艺、设备逐步淘汰，加快产业结构调整，促进生产工艺、设备的升级换代，保证生产经营单位的生产安全地进行。同时，明确了严重危及生命安全的工艺、设备淘汰目录由国务院安全生产监督管理部门会同国务院有关部门制定并公布，生产经营部门同样要严格执行。其中，"具体目录由国务院安全生产监督管理部门会同国务院有关部门制定并公布。法律、行政法规对目录的制定另有规定的，适用其规定"为本次修订新增的。

本条第二款为新增内容。由于我国各地经济发展水平不一，又正值经济结构调整的关键时期，如果统一使用一个目录，势必会造成经济发展较快的地区使用的新技术、新工艺、新设备的安全监管发生缺位，对于属于限制类的工艺、设备，经济技术较发达地区可以根据本地区的实际将其列入淘汰目录，加以限制；经济发展较慢的地区，采用的工艺、设备虽经实践证明对生产安全构成严重威胁，但经济结构调整指导目录并未将其归于淘汰类，也可继续使用。本次修订，赋予了省、自治区、直辖市人民政府在国家统一的目录之外，按照本地区的实际，制定本地区的目录。

本条第三款为修订内容。生产经营单位不得使用应当淘汰的危及生产安全的工艺、设备，违反者要根据本法第九十六条承担相应的法律责任。其中，将"国家明令淘汰、禁止使用的"修订为"应当淘汰的"。

第三十六条 生产、经营、运输、储存、使用危险物品或者处置废弃危险物品的,由有关主管部门依照有关法律、法规的规定和国家标准或者行业标准审批并实施监督管理。

生产经营单位生产、经营、运输、储存、使用危险物品或者处置废弃危险物品,必须执行有关法律、法规和国家标准或者行业标准,建立专门的安全管理制度,采取可靠的安全措施,接受有关主管部门依法实施的监督管理。

第二部分 新修订《安全生产法》条文解读

【条文释义】

本条是关于危险物品以及废弃危险物品的管理规定,为保留条款。

本条第一款规定,危险物品的生产、经营、运输、储存、使用以及废弃危险物品的处置,由有关主管部门依照有关法律、法规的规定实施审批和监督管理。同时,依照有关规定,处置废弃危险物品,依照《中华人民共和国固体废物污染环境防治法》和国家有关规定执行。

第二章 生产经营单位的安全生产保障

本条第二款规定从事危险物品生产、经营、运输、储存、使用或者废弃危险物品处置活动的生产经营单位，必须本着高度负责的态度，严格执行相关法律、法规和国家标准或者行业标准的规定，建立、健全严格的安全管理规章制度，设置必要的防护设施，提高从业人员的素质，保证生产经营活动的安全进行。同时，对于有关主管部门依法进行的监督管理，生产经营单位应当积极配合，不得拒绝或阻挠。

第三十七条 生产经营单位对重大危险源应当登记建档，进行定期检测、评估、监控，并制定应急预案，告知从业人员和相关人员在紧急情况下应当采取的应急措施。

生产经营单位应当按照国家有关规定将本单位重大危险源及有关安全措施、应急措施报有关地方人民政府安全生产监督管理部门和有关部门备案。

【条文释义】

本条是关于重大危险源的管理规定，为修订条款。

本条第一款为保留内容。重大危险源是危险物品大量聚集的地方，具有较大的危险性，而且一旦发生生产安全事故，将会对从业人员以及相关人员的人身安全和财产造成比较大的损害。生产经营单位应当严格执行本条规定，对重大危险源严格管理，采取有效的安全措施，并定期进行严格检查，发现其处于不安全状态，应当及时采取有效的治理措施，排除事故隐患，保证重大危险源处于安全的和可控制的状态。

本条第二款为修订内容。之所以这样规定，是因为安全生产工作重点在于预防，安全生产监督管理部门及有关部门及时、全面地掌握重大危险源的分布及具体危害情况，可以有针对性地采取措施，加强监督管理，经常性地进行检查，防止生产安全事故的发生。同时，了解生产经营单位重大危险源的情况、安全措施以及应急措施，有利于有关部门在发生生产安全事故时及时组织抢救，并为事故原因的调查处理提供方便。其中，将原法"有关地方人民政府负责安全生产监督管理的部门和有关部门"修改为"有关地方人民政府安全生产监督管理部门和有关部门"。

第二章 生产经营单位的安全生产保障

第三十八条 生产经营单位应当建立健全生产安全事故隐患排查治理制度，采取技术、管理措施，及时发现并消除事故隐患。事故隐患排查治理情况应当如实记录，并向从业人员通报。

县级以上地方各级人民政府负有安全生产监督管理职责的部门应当建立健全重大事故隐患治理督办制度，督促生产经营单位消除重大事故隐患。

【条文释义】

本条是对生产经营单位排查治理事故隐患相关职责的规定，为新增条款。

本次修订把加强事前预防、强化隐患排查治理作为一项重要内容：一是生产经营单位必须建立生产安全事故隐患排查治理制度，采取技术、管理措施及时发现并消除事故隐患，并向从业人员通报隐患排查治理情况的制度；二是政府有关部门要建立健全重大事故隐患治理督办制度，督促生产经营单位消除重大事故隐患。这是新法的亮点。

生产经营单位隐患排查治理工作主要包括四个方面：自查隐患、治理隐患、自报隐患和分析趋势。要将这四方面工作做好，就要建立相应的制度，即生产安全事故隐患排查治理制度。这需要生产经营单位将法律法规和标准规范以及上级和外部的其他要求全面掌握，将其各项具体的规定结合自身的实际情况，通过编制工作将外部的规定转化为生产经营单位内部的各项规章制度，再经过全面地执行和落实，变成生产经营单位的管理行动。

第二部分 新修订《安全生产法》条文解读

隐患治理及其方案的核心都是通过具体的治理措施来实现的，这些措施大体上分为工程技术措施和管理措施，再加上对重大隐患需要做的临时性防护和应急措施。隐患治理的方式方法是多种多样的，因为生产经营单位必须考虑成本投入，需要最小代价取得最适当（不一定是最好）的结果。有时候隐患治理很难彻底消除隐患，这就必须在遵守法律法规和标准规范的前提下，将其风险降低到生产经营单位可以接受的程度。

对事故隐患建档，事故隐患的排查及治理情况通过书面或电子文档形式进行如实记录，以此实现对事故隐患的动态监控。并及时向从业人员通报事故隐患的排查治理情况。这要求生产经营单位不仅要对发现的事故隐患及时通报从人员，也要将已发现事故隐患的整治情况及时通报从业人员。

生产经营单位应当建立健全
生产安全事故隐患排查治理制度

| 发现并消除事故隐患 | 如实记录排查治理情况 | 及时通报从业人员 |

县级以上地方各级人民政府负有安全生产监督管理职责的部门应当建立健全重大事故隐患治理督办制度，督促生产经营单位消除重大事故隐患。

安全监管监察部门对重大安全隐患治理实行逐级挂牌督办、公告制度，重大隐患治理由省级安全生产监督管理部门或行业主管部

第二章 生产经营单位的安全生产保障

门挂牌督办,国家相关部门加强督促检查。重大事故隐患因危害大、整改难等原因,应当要报告给主管的负有安全生产监管职责的部门。报告给相关部门后,相关部门可以将其纳入重点监管,督促其整改到位。

第三十九条 生产、经营、储存、使用危险物品的车间、商店、仓库不得与员工宿舍在同一座建筑物内,并应当与员工宿舍保持安全距离。

生产经营场所和员工宿舍应当设有符合紧急疏散要求、标志明显、保持畅通的出口。禁止锁闭、封堵生产经营场所或者员工宿舍的出口。

【条文释义】

本条是关于生产经营场所和员工宿舍的安全管理的规定,为修订条款。

本条第一款为保留内容。实践中,确有一些企业为了追究经济利益,节省开支,不顾员工的生命财产安全,将企业的生产车间、仓库和员工宿舍混设在同一座建筑物内,一旦发生生产安全事故,特别是发生火灾事故,极易导致群死群伤的恶性事故。为了保障员工的人身安全,为企业创造良好的安全生产环境,本条特别要求员工宿舍必须与生产、经营、使用、储存危险物品的车间、商店、仓库隔离,并保持一定的安全距离。

本条第二款为修订内容。是关于生产经营场所和员工宿舍的紧急疏散出口的规定。生产经营单位应当事先做好发生事故的准备,

第二部分 新修订《安全生产法》条文解读

并采取措施防止事故扩大。这其中，保证生产经营场所和员工宿舍出口的畅通，是非常重要的。这一方面有利于发生生产安全事故时从业人员的撤离，减少人员伤亡；同时也有利于救援队伍及时进入事故现场，开展抢救工作，防止事故扩大，尽量减少事故造成的损失。其中，将"封闭、堵塞"修改为"锁闭、封堵"。

禁止封堵

出口畅通 标志明显

禁止锁闭

第四十条 生产经营单位进行爆破、吊装以及国务院安全生产监督管理部门会同国务院有关部门规定的其他危险作业，应当安排专门人员进行现场安全管理，确保操作规程的遵守和安全措施的落实。

【条文释义】

本条是关于爆破、吊装以及国务院安全生产监督管理部门会同国务院有关部门规定的其他危险作业的现场安全管理的规定,为修订条款。

其中将原法中"爆破、吊装等危险作业"修改为"爆破、吊装以及国务院安全生产监督管理部门会同国务院有关部门规定的其他危险作业"。

爆破、吊装以及国务院安全生产监督管理部门会同国务院有关部门规定的其他危险作业具有较大的危险性,容易发生事故。在其

事故防范措施中,很重要的一项就是安排专门的人员进行作业现场的安全管理。现场安全管理人员一方面可以检查作业现场的各项安全措施是否得到落实,另一方面可以监督危险作业人员是否严格按有关操作规程进行操作。同时现场安全管理人员可以对作业现场的各种情况进行及时协调,发现事故隐患,现场及时采取措施进行紧急排除。

本条规定是法律的强制性规定,生产经营单位必须严格执行,违反者要依照本法第九十八条的规定追究其法律责任。

> 第四十一条 生产经营单位应当教育和督促从业人员严格执行本单位的安全生产规章制度和安全操作规程;并向从业人员如实告知作业场所和工作岗位存在的危险因素、防范措施以及事故应急措施。

【条文释义】

本条是关于生产经营单位教育、督促从业人员执行安全生产规章制度、安全操作规程以及保障从业人员职业安全知情权的规定,为保留条款。

实践中,一些企业不制定安全生产规章制度,或者不教育和督促从业人员严格执行安全生产规章制度和安全操作规程,使得从业人员盲目操作,从而导致生产安全事故的发生。针对这种情况,制定了本条规定。

本条主要从要求生产经营单位对作业场所和工作岗位存在的危险因素、防范措施以及事故应急措施等情况向从业人员予以告知的

第二章 生产经营单位的安全生产保障

角度,对保障从业人员的知情权问题进行了规定。

向从业人员如实告知作业场所和工作岗位的危险因素、防范措施以及事故应急措施,是保障从业人员知情权的重要内容。告知的内容包括三个方面:

(1)作业场所和工作岗位存在的危险因素的种类、性质以及可能导致何种生产安全事故;

(2)对这些危险因素的防范措施;

(3)针对该作业场所和工作岗位的可能导致的生产安全事故的种类和特点,事先制定的在发生生产安全事故时的组织、技术措施和其他应急措施。

告知的形式可以是多种多样的,如组织从业人员进行学习,或者在作业场所和工作岗位设置公告栏,将有关内容予以公告等。

第四十二条 生产经营单位必须为从业人员提供符合国家标准或者行业标准的劳动防护用品,并监督、教育从业人员按照使用规则佩戴、使用。

【条文释义】

本条是关于用人单位为劳动者提供劳动防护用品的规定,为保留条款。

生产经营单位为劳动者提供的劳动防护用品,应该是符合国家标准或者行业标准的、合格的劳动防护用品,只有这样,才能真正起到保障劳动者劳动安全的作用。

国家就有关劳动防护用品的产品质量指标和技术条件,制定了一系列技术标准。并根据情况变化，适时修订。此外，生产劳动防护用品的企业应当按其产品所依据的国家标准或者行业标准进行生产和自检，出具产品合格证，并对产品的安全防护性能负责。而且，生产劳动防护用品的企业生产的特种劳动防护用品，必须取得特种劳动防护用品安全标志。

为了使劳动防护用品真正发挥作用，保证安全生产，经营单位还必须监督、教育从业人员按照使用规则佩戴、使用劳动防护用品。劳动者在正确掌握劳动防护用品的使用方法的同时，也有义务对它们进行维护和保养。

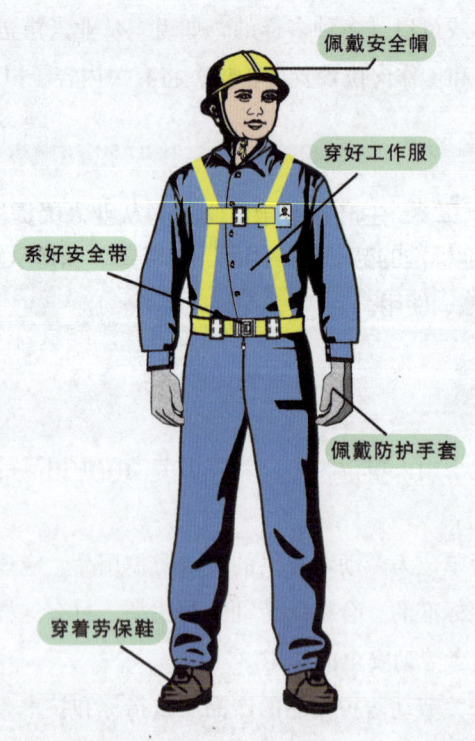

第二章 生产经营单位的安全生产保障

第四十三条 生产经营单位的安全生产管理人员应当根据本单位的生产经营特点,对安全生产状况进行经常性检查;对检查中发现的安全问题,应当立即处理;不能处理的,应当及时报告本单位有关负责人,有关负责人应当及时处理。检查及处理情况应当如实记录在案。

生产经营单位的安全生产管理人员在检查中发现重大事故隐患,依照前款规定向本单位有关负责人报告,有关负责人不及时处理的,安全生产管理人员可以向主管的负有安全生产监督管理职责的部门报告,接到报告的部门应当依法及时处理。

【条文释义】

本条是关于生产经营单位安全生产管理人员安全检查及处理的规定,为修订条款。

本条第一款为修订内容。生产经营单位的安全生产管理人员应当根据本单位的生产经营特点,对本单位的安全生产状况进行经常性的检查。在检查过程中,发现存在的安全问题,可以处理的应当立即采取措施进行处理。对于不能当场处理的安全问题,可以立即将这一情况报告本单位的主要负责人或者是主管安全生产工作的其他负责人。生产经营单位的安全生产管理人员还应当将安全检查的情况,包括检查的时间、范围、内容、发现的问题及其处理情况等都如实地记录在案,作为本单位的安全生产档案,以备需要时查阅。其中,将"应当记录在案"修改为"应当如实记录在案";并在末尾处增加"有关负责人应当及时处理"。

第二部分 新修订《安全生产法》条文解读

本条第二款为新增内容。本法修订中特别增加了外部报告制度，即前述生产经营单位的安全生产管理人员在检查中发现重大事故隐患，向本单位有关负责人报告后仍未得到及时处理，此时，安全生产管理人员即应当直接向主管的负有安全生产监督管理职责的部门报告，接到报告的部门应当依法及时处理。这主要是考虑到此类生产经营单位的安全风险和事故危害的特殊性，而单位自查自纠渠道受阻，有必要设置外部监督和救济渠道，而专业的安全生产管理者应负担起这一特殊的联络职责，最大限度地控制安全生产事故的发生。

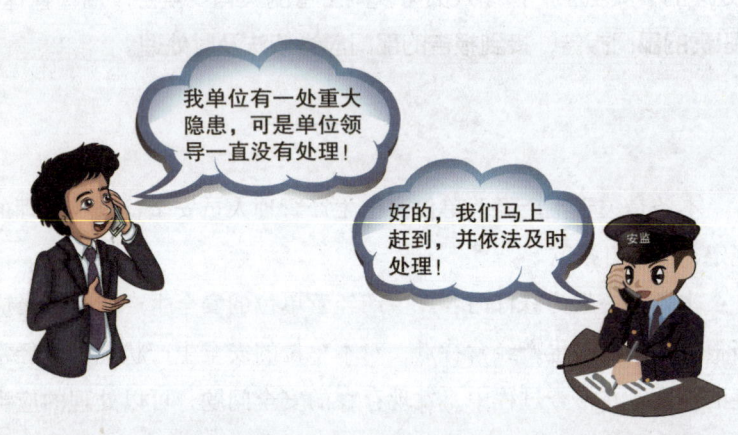

第四十四条 生产经营单位应当安排用于配备劳动防护用品、进行安全生产培训的经费。

【条文释义】

本条是关于生产经营单位安排安全生产经费的规定，为保留条款。

第二章 生产经营单位的安全生产保障

要保证安全生产，必须有一定的物质基础。没有一定的资金保证，提高劳动者的安全意识和安全操作技能，改善劳动者的劳动条件，为劳动者提供必要的劳动防护用品，生产经营单位的安全生产将很难实现。因此，生产经营单位的安全生产经费问题，是关系到本法是否能够得到有效实施的一个重要问题。本法用多个条款对这一问题作了规定。本法第二十八条要求将生产经营单位新建、改建、扩建工程项目的安全设施投资纳入建设项目概算，本法第二十条要求生产经营单位的决策机构、主要负责人或者个人经营的投资人保证本单位应当具备的安全生产条件所必需的资金投入。同时，又在本条规定生产经营单位应当安排用于配备劳动防护用品、进行安全生产培训的经费。

第四十五条 两个以上生产经营单位在同一作业区域内进行生产经营活动，可能危及对方生产安全的，应当签订安全生产管理协议，明确各自的安全生产管理职责和应当采取的安全措施，并指定专职安全生产管理人员进行安全检查与协调。

【条文释义】

本条是关于不同生产经营单位在安全生产方面协作的规定，为保留条款。

在同一作业区域内进行生产经营活动的不同单位，如果一个单位发生了生产安全事故，会直接威胁到其他单位的安全生产。因此，要求在同一作业区域内进行生产经营活动、可能危及对方生产安全的生产经营单位之间进行安全生产方面的协作，就成为安全生产管

第二部分 新修订《安全生产法》条文解读

理中的一项重要制度。

各单位应当通过安全生产管理协议互相告知本单位生产的特点、作业场所存在的危险因素、防范措施以及事故应急措施,以使各个单位对该作业区域的安全生产状况有一个整体上的把握。同时,各单位还应当在安全生产管理协议中明确各自的安全生产管理职责和应当采取的安全措施,做到职责清楚,分工明确。为了使安全生产管理协议真正得到贯彻,保证作业区域内的生产安全,各生产经营单位还应当指定专职的安全生产管理人员对作业区域内的安全生产状况进行检查,对检查中发现的安全生产问题及时进行协调、解决。

第二章 生产经营单位的安全生产保障

第四十六条 生产经营单位不得将生产经营项目、场所、设备发包或者出租给不具备安全生产条件或者相应资质的单位或者个人。

生产经营项目、场所发包或者出租给其他单位的,生产经营单位应当与承包单位、承租单位签订专门的安全生产管理协议,或者在承包合同、租赁合同中约定各自的安全生产管理职责;生产经营单位对承包单位、承租单位的安全生产工作统一协调、管理,定期进行安全检查,发现安全问题的,应当及时督促整改。

【条文释义】

本条是关于生产经营单位在发包或者出租生产经营项目、场所、设备时以及发包或出租后的安全生产责任的规定,为修订条款。

本条第一款为保留内容。生产经营单位将生产经营项目、场所、设备进行发包或出租时,应当对承包或承租的单位或个人的资质和安全生产条件进行审核、确认,如承租或承包方不具备相应法定资质或安全生产条件,则不得对其发包或出租。生产经营单位对承包、承租单位和个人进行资质审核、确认时,不但要核查其生产经营范围,还要核查其是否具备相应的安全生产许可资质、是否具备相应的安全生产条件,只有三项条件同时满足时,才可以进行承包、出租。

本条第二款为修订内容。生产经营单位与承包单位、承租单位必须明确各自的安全生产管理责任,在形式上可采用签订专门的安全生产管理协议作为合同的补充,或者在承包合同、租赁合同中直接进行约定两种方式之一,安全生产管理协议必须是书面的,并由生产经营单位和承包方或承租方双方签字认可，同时这种约定还应符合《中华人民共和国合同法》等相关法规的规定。生产经营单位是生产经营项目、场所、设备的最终责任者，有责任和义务对承包、出租的生产经营项目、场所、设备的安全生产工作进行统一协调和管理，应当对相应的项目、场所和设备定期进行安全监督检查，发现安全问题的，应当及时督促整改。其中，将原"生产经营项目、场所有多个承包单位、承租单位的"修改为"生产经营项目、场所发包或者出租给其他单位的"；新增"定期进行安全检查，发现安全问题的，应当及时督促整改"。

第四十七条 生产经营单位发生生产安全事故时，单位的主要负责人应当立即组织抢救，并不得在事故调查处理期间擅离职守。

【条文释义】

本条是关于发生生产安全事故后对单位主要负责人职责的规定，为修订条款。

本次修订扩大了生产经营单位主要负责人的职责范围，从原来的"发生重大生产安全事故"扩大到"发生生产安全事故"。

生产经营单位发生生产安全事故时，其主要负责人应当立即采取统一、有效的措施，动员、组织、协调力量来全力抢救，防止事故进一步扩大，造成进一步人身伤亡、更重大的经济损失或者更为严重的后果；对身处险境的人员和财产，要全力抢救，使其脱离危险；当自身力量不足时，应当及时就近请求支援。同时，按照国家有关

第二章 生产经营单位的安全生产保障

规定立即如实报告负有安全生产监督管理职责的部门。

生产经营单位的主要负责人作为本单位的首要领导以及安全生产的第一责任人,在事故发生后,应当坚守岗位,组织事故抢救,并积极配合有关部门进行事故调查和处理。这一方面是因为,单位的主要负责人对单位的场地、布局、设备、人员以及其他生产经营状况比较熟悉,有其在场,可以比较顺利地进行事故抢救、事故原因的调查和对事故的处理。另一方面,单位的主要负责人是单位安全生产方面的第一责任人,应对单位发生的生产安全事故负责。本法第一百零六条对主要负责人违反本条规定的责任后果作了明确规定。

第四十八条 生产经营单位必须依法参加工伤保险，为从业人员缴纳保险费。

国家鼓励生产经营单位投保安全生产责任保险。

【条文释义】

本条是关于生产经营单位参加工伤保险和安全生产责任险的规定，为修订条款。

本条第一款为修订内容。工伤保险作为社会保险制度的一个组成部分，是国家通过立法强制实施的，有着补偿不究过失原则，对在保险范围内的劳动者，因工作意外事故和职业病遭受意外伤害，丧失劳动能力的，提供医疗救治、职业康复、经济补偿和基本生活保障；对因工伤死亡的，对其遗属提供遗属抚恤等物质帮助的社会保险制度。生产经营单位必须参加工伤保险，为从业人员缴纳保险费。对这一规定，生产经营单位应当严格遵守，否则就要依照《中华人民共和国社会保险法》和《工伤保险条例》等有关规定承担相应的法律责任。本次修订将原"工伤社会保险"修订为"工伤保险"。

本条第二款为新增内容，是本次修订的亮点之一。本次修订总结近年来的试点经验，通过引入保险机制，促进安全生产，规定国家鼓励生产经营单位投保安全生产责任保险。安全生产责任保险具有其他保险所不具备的特殊功能和优势，一是增加事故救援费用和第三人（事故单位从业人员以外的事故受害人）赔付的资金来源，有助于减轻政府负担，维护社会稳定。目前有的地区还提供了一部分资金用于对事故死亡人员家属的补偿。二是有利于现行安全生产

第二章 生产经营单位的安全生产保障

经济政策的完善和发展。2005年起实施的高危行业风险抵押金制度存在缴存标准高、占用资金量大、缺乏激励作用等不足。目前，湖南、上海等省（直辖市）已经通过地方立法允许企业自愿选择责任保险或者风险抵押金，受到企业的广泛欢迎。三是通过保险费率浮动、引进保险公司参与企业安全管理，有效促进企业加强安全生产工作。

第三章 从业人员的安全生产权利义务

第四十九条 生产经营单位与从业人员订立的劳动合同，应当载明有关保障从业人员劳动安全、防止职业危害的事项，以及依法为从业人员办理工伤保险的事项。

生产经营单位不得以任何形式与从业人员订立协议，免除或者减轻其对从业人员因生产安全事故伤亡依法应承担的责任。

【条文释义】

本条是关于劳动合同应当载明与从业人员劳动安全有关的事项，以及生产经营单位不得以协议免除或者减轻安全事故伤亡责任的规定，为修订条款。

本条第一款为修订内容。用人单位在与劳动者签订劳动合同时要将全部真实情况告知劳动者，具体内容包括：有关保障从业人员劳动安全的事项，工作过程中可能产生的职业危害及其后果、职业危害的防护措施和待遇，依法为从业人员办理工伤保险的事项。这是国家为了保护劳动者的合法利益，以法律的形式要求生产经营单位必须履行的一项义务，不管用人单位愿不愿意都必须遵照执行。其中，将"工伤社会保险"修改为"工伤保险"。

本条第二款为保留内容。一些生产经营单位为了逃避应当承担的事故赔偿责任，在劳动合同中与从业人员订立协议，免除或者减轻其对从业人员因生产安全事故伤亡依法应承担的责任，如"工伤、

第三章 从业人员的安全生产权利义务

死亡概不负责"等,从业人员由于法律意识淡薄或者急于就业,往往在不知情或者被迫的情况下签订此类合同。这种合同属于《劳动法》规定的违反法律、行政法规的无效劳动合同。无效的劳动合同,从订立的时候起就没有法律约束力。另外,还要依照本法一百零三条追究生产经营单位的法律责任。

第五十条 生产经营单位的从业人员有权了解其作业场所和工作岗位存在的危险因素、防范措施及事故应急措施,有权对本单位的安全生产工作提出建议。

【条文释义】

本条是关于从业人员的知情权和建议权的规定,为保留条款。

本条规定涉及到劳动者的知情权问题,生产经营单位与从业人员订立的劳动合同,应当载明有关保障从业人员劳动安全、防止职业危害的事项,应当将其作业场所和工作岗位存在的危险因素、防范措施及事故应急措施等如实告知劳动者。生产经营单位的从业人员只有了解了这些情况,才有可能有针对性地采取相应措施,保护自身的生命安全和健康。我国宪法规定,中华人民共和国公民对于任何国家机关和国家工作人员,有提出批评和建议的权利。

从业人员根据技能和专业的不同,分布在生产经营单位的各个岗位上,是最了解安全生产工作的具体情况的。从法律上赋予从业人员有对本单位的安全生产工作提出建议的权力,有助于调动从业人员参与安全生产管理的积极性,从而及时发现问题,解决问题,防止生产安全事故的发生。国家保护生产经营单位的从业人员知情

第二部分 新修订《安全生产法》条文解读

权和建议权不受侵犯。

第五十一条 从业人员有权对本单位安全生产工作中存在的问题提出批评、检举、控告;有权拒绝违章指挥和强令冒险作业。

生产经营单位不得因从业人员对本单位安全生产工作提出批评、检举、控告或者拒绝违章指挥、强令冒险作业而降低其工资、福利等待遇或者解除与其订立的劳动合同。

第三章 从业人员的安全生产权利义务

【条文释义】

本条是关于从业人员的批评、检举、控告和拒绝违章指挥或者强令冒险作业等权利的规定,为保留条款。

批评权是指从业人员对本单位安全生产工作中存在的问题提出批评的权利。法律规定这一权利,有利于从业人员对生产经营单位进行群众监督,促使生产经营单位不断改进本单位的安全生产工作。检举权、控告权,是指从业人员对本单位及有关人员违反安全生产法律、法规的行为,有权向主管部门和司法机关进行检举和控告的权利。但是,从业人员在行使这一权利时,应注意检举和控告的情况必须真实,要实事求是。

生产经营主管人员、生产管理人员和工程技术人员不得违章指挥,各岗位的作业人员不得违章作业。违章指挥和冒险作业是生产安全事故发生的重要原因,是对从业人员的极大威胁。从业人员发现这种情况,有权加以拒绝,以维护自己的合法利益。

实践中,一些生产经营单位把对本单位安全生产工作提出批评、检举、控告或者拒绝违章指挥、强令冒险作业的从业人员视为"刺头",对其打击报复,致使从业人员不敢或者不能充分行使上述权利。因此,在赋予从业人员权利的同时,本条还规定了生产经营单位不得对从业人员行使上述权利进行打击报复。对于违反本禁止性规定的生产经营单位,应当追究单位和有关人员的法律责任。

第五十二条 从业人员发现直接危及人身安全的紧急情况时,有权停止作业或者在采取可能的应急措施后撤离作业场所。

生产经营单位不得因从业人员在前款紧急情况下停止作业或者采取紧急撤离措施而降低其工资、福利等待遇或者解除与其订立的劳动合同。

【条文释义】

本条是关于生产经营单位的从业人员的紧急撤离权的规定,为保留条款。

从业人员在作业过程中有可能会突然遇到直接危及人身安全的紧急情况,此时,如果不停止作业或者撤离作业场所,就会造成重大的人身伤亡。如果法律没有作出规定,从业人员就会处于两难境地。

对本条的理解应注意,并不是在所有不安全情况下,从业人员都有停止作业或者采取可能的应急措施后撤离作业场所的权利。只有在发现直接危及人身安全的紧急情况时,从业人员才可以拥有这一项权利。在一般的不安全情况下,从业人员不仅不能停止作业或者采取可能的应急措施后撤离,还负有排除危险的责任,以保障安全生产。

从业人员作为劳动合同中的一方当事人处于弱势地位,法律应当注意保护他们的权利。从业人员发现直接危及人身安全的紧急情况时,行使停止作业或者在采取可能的应急措施后撤离作业场所的权利时,往往会受制于生产经营单位。因此,本法做出本条第二款这一禁止性规定,有利于保障从业人员的合法权益。当生产经营单位违反本规定,降低从业人员工资、福利等待遇或者解除与其订立的劳动合同时,从业人员可以根据本法及有关法律法规的规定,申请仲裁或者提起诉讼,以维护自己的合法权益。

第五十三条 因生产安全事故受到损害的从业人员,除依法享有工伤保险外,依照有关民事法律尚有获得赔偿的权利的,有权向本单位提出赔偿要求。

【条文释义】

本条是关于因生产安全事故受到损害的从业人员,享有的获得工伤保险赔偿权利和其他民事赔偿权利的规定,为修订条款,将"工伤社会保险"修改为"工伤保险"。

在用人单位参加工伤保险后,从业人员因工受伤即可享受工伤

保险待遇，但工伤保险并不能完全覆盖用人单位的赔偿责任。

根据民事法律责任中侵权的民事责任的规定，对从业人员造成损害的，生产经营单位应当承担赔偿责任。赔偿的范围，原则上应赔偿受害人所受的全部实际损失。具体到生产安全事故中，从业人员因事故受到损害的，如当发生工伤是由于用人单位存在明显过错尤其是违反有关安全生产法律法规导致工伤发生时，受到工伤伤害的从业人员或其亲属，还可以向所在单位主张包括残疾/死亡赔偿金、被扶养人生活费、精神损害抚慰金、后续治疗费等工伤保险待遇所不能完全覆盖的损失。

因此，因生产安全事故受到损害的从业人员，除依法享有工伤保险外，根据民事法律规定可以获得赔偿的，还有权向本单位提出赔偿要求。就是说，工伤保险和民事赔偿不能互相取代，从业人员可以享受双重的保障。

第五十四条 从业人员在作业过程中，应当严格遵守本单位的安全生产规章制度和操作规程，服从管理，正确佩戴和使用劳动防护用品。

【条文释义】

本条是关于从业人员遵章守制、服从管理、正确佩戴和使用劳动防护用品的规定，为保留条款。

从业人员除应严格遵守有关安全生产的法律、法规外，还应当遵守生产经营单位的安全生产规章制度和操作规程。这是从业人员在安全生产方面的一项法定义务。从业人员必须增强法纪观念，自

第三章 从业人员的安全生产权利义务

觉遵章守纪,从维护国家利益、集体利益和自身利益出发,把遵章守纪、按章操作落实到具体的作业活动中,确保安全生产的实现。

生产经营单位的安全生产管理人员一般具有较多的安全生产知识和较丰富的经验。从业人员服从管理,可以保持生产经营活动的良好秩序,有效地避免、减少生产安全事故的发生。因此,本条规定,从业人员应当服从管理。

不同的劳动防护用品有其特定的佩戴和使用规则、方法,只有正确佩戴和使用,方能真正起到防护作用。生产经营单位应当为从业人员提供符合国家标准或者行业标准的劳动防护用品,但如果从业人员不正确佩戴和使用劳动防护用品,仍然不能真正发挥劳动防护用品的作用。因此,从业人员在作业过程中必须提高安全生产意识,按照规则和要求正确佩戴和使用劳动防护用品。

第五十五条 从业人员应当接受安全生产教育和培训,掌握本职工作所需的安全生产知识,提高安全生产技能,增强事故预防和应急处理能力。

【条文释义】

本条是关于从业人员应当接受安全生产教育和培训的规定,为保留条款。

安全生产教育和培训工作是生产经营单位实现安全生产的一项基础性工作,其基本内容包括安全意识、安全知识和安全技能教育。

从业人员通过参加安全生产教育和培训,可以提高安全责任感,提高遵守各项规章制度和操作规程的自觉性,并掌握安全生产的科学知识，为确保安全生产创造条件。

提高安全生产技能是指提高运用安全生产知识的能力。各岗位的安全生产技能不同，从业人员应当结合本岗位的特点加强学习和实践，勤于专研，努力掌握和提高所须的安全生产技能。从业人员还应当增强事故预防和应急处理能力。增强事故预防和应急处理能力可以通过参加制定和演习应急救援预案来实现。

从业人员接受安全教育培训的形式多种多样，如组织专门的安全教育培训班；班前班后交待安全注意事项，讲评安全生产情况；各级负责人和安全员在作业现场工作时进行安全宣传教育、督促安全法规和制度的贯彻执行；组织安全技术知识讲座、竞赛；召开事故分析会、现场会，分析造成事故原因、责任、教训，制定事故防范措施；组织安全技术交流，以及利用电影、电视、新媒体等方式进行安全教育。从业人员要积极参加上述形式的安全教育培训。

第五十六条　从业人员发现事故隐患或者其他不安全因素，应当立即向现场安全生产管理人员或者本单位负责人报告；接到报告的人员应当及时予以处理。

【条文释义】

本条是关于从业人员对事故隐患或者不安全因素的报告义务的规定，为保留条款。

实践中，许多生产安全事故是由于从业人员在作业现场发现事故隐患和不安全因素后，没有及时报告，以至延误了采取措施进行紧急处理的时机，发生重大、特大事故。因此，本条对从业人员发现事故隐患或者其他不安全因素规定了报告义务,这也符合群众参与安全生产工作的方针。

从业人员的报告义务有两点要求:

(1)在发现上述情况后,应当立即报告,因为安全生产事故的特点之一是突发性,如果拖延报告,则使事故发生的可能性加大,发生了事故则更是悔之晚矣。

(2)接受报告的主体是现场安全生产管理人员或者本单位的负责人,以便于对事故隐患或者其他不安全因素及时作出处理,避免事故的发生。

及时处理现场事故隐患是保证安全生产的重要组成部分,现场有隐患不及时处理,小隐患就会变成大隐患,就会诱发生产安全事故,每一起事故的发生和现场存在的事故隐患都有直接关系。因此相关人员在接到事故隐患报告后,应当立即组织人员进行处理,

消除隐患。

第五十七条 工会有权对建设项目的安全设施与主体工程同时设计、同时施工、同时投入生产和使用进行监督,提出意见。

工会对生产经营单位违反安全生产法律、法规,侵犯从业人员合法权益的行为,有权要求纠正;发现生产经营单位违章指挥、强令冒险作业或者发现事故隐患时,有权提出解决的建议,生产经营单位应当及时研究答复;发现危及从业人员生命安全的情况时,有权向生产经营单位建议组织从业人员撤离危险场所,生产经营单位必须立即作出处理。

工会有权依法参加事故调查,向有关部门提出处理意见,并要求追究有关人员的责任。

【条文释义】

本条是关于工会对安全生产工作职责的规定,为保留条款。

依照《工会法》第二十三条规定,工会依照国家规定对新建、扩建企业和技术改造工程中的劳动条件和安全卫生设施与主体工程同时设计、同时施工、同时投产使用进行监督。由此可见,工会既可以在设计阶段、施工阶段对建设项目的安全设施提出意见,也可以在投产前的检查验收中提出意见;既可以要求生产经营单位按照国家规定增加或者补建安全设施,也可以要求依法改善劳动条件,还可以建议停止施工、投产,待安全设施配套时再行施工等。

本条第二款从安全生产的角度重申了工会在维护从业人员安全生产方面权益的权利,强调工会对生产经营单位违反有关安全生产

第三章 从业人员的安全生产权利义务

的法律、法规，侵犯从业人员合法权益的行为有要求纠正的权利。依照《工会法》第二十五条规定，"工会有权对企业、事业单位侵犯职工合法权益的问题进行调查，有关单位应当予以协助。"所以，工会发现生产经营单位违章指挥、强令工人冒险作业时，或者发现事故隐患时，有权提出解决的建议。生产经营单位应当及时研究工会的意见，不得推诿，并将处理结果通知工会。需要说明的是，工会对纠正生产经营单位的违章指挥，对组织从业人员撤离危险场所，都是向生产经营单位提出建议，而不是去直接制止或者组织撤离。

本条第三款是关于工会参加安全生产事故调查处理权利的规定。生产安全事故的调查处理，直接关系到职工的利益，工会作为职工群众组织，有权关心和参加事故的调查处理工作。任何组织和个人都不得阻挠工会参加调查。工会根据调查的实际情况，提出处理意见，对造成事故的直接负责的主管人员和其他直接责任人员，有权要求追究其法律责任。

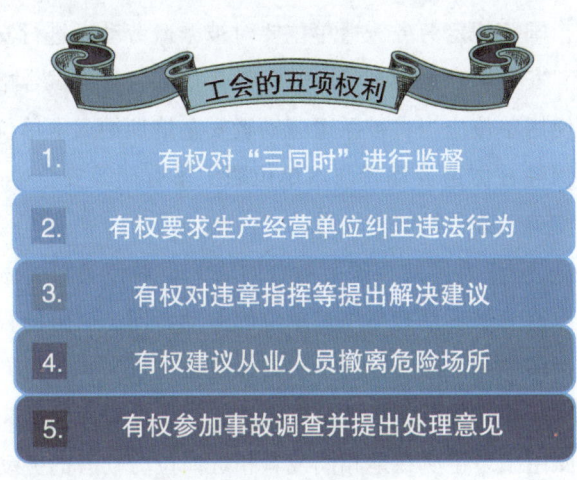

工会的五项权利

1. 有权对"三同时"进行监督
2. 有权要求生产经营单位纠正违法行为
3. 有权对违章指挥等提出解决建议
4. 有权建议从业人员撤离危险场所
5. 有权参加事故调查并提出处理意见

第二部分 新修订《安全生产法》条文解读

第五十八条 生产经营单位使用被派遣劳动者的，被派遣劳动者享有本法规定的从业人员的权利，并应当履行本法规定的从业人员的义务。

【条文释义】

本条是关于生产经营单位所使用被派遣劳动者在安全生产方面享有权利和义务的规定，为新增条款。

现行《安全生产法》虽然规定了"生产经营单位"的安全生产保障义务，但由于在劳务派遣用工形式中，存在着用人单位与用工单位两个"生产经营单位"，它们在被派遣劳动者的安全生产保障方面各自应该承担怎样的责任和义务，法律并无明文规定，为企业相互推卸和转嫁安全生产保障责任留下了借口，致使被派遣劳动者的权益得不到保障。

对此，国家规定劳务派遣单位要对被派遣劳动者进行安全生产法律法规、安全生产意识和基本知识教育培训，经考试合格方可派遣；劳务使用单位应当将被派遣劳动者安全培训纳入本单位安全培训体系，保障被派遣劳动者与本单位职工享有同等安全生产培训、职业健康监护、劳动保护等权利。

此外，《中华人民共和国劳动合同法》也对劳务派遣做了明确规定"被派遣劳动者享有与用工单位的劳动者同工同酬的权利。用工单位应当按照同工同酬原则，对被派遣劳动者与本单位同类岗位的劳动者实行相同的劳动报酬分配办法。用工单位无同类岗位劳动者的，参照用工单位所在地相同或者相近岗位劳动者的劳动报酬确定。"更有利于保护被派遣劳动者利益。

但《安全生产法》的责任主体只有一个，就是生产经营单位，也就是用工单位。在《安全生产法》中，使用被派遣劳动者的生产经营单位是《安全生产法》所称的生产经营单位，劳务派遣单位并不是安全生产法所称的生产经营单位，除非是劳务派遣单位本单位使用的非被派遣劳动者时，劳务派遣单位才是《安全生产法》所称的生产经营单位。用工单位虽不是《中华人民共和国劳动合同法》中被派遣劳动者的用人单位，但由于被派遣劳动者实际在用工单位提供劳动，接受用工单位的管理，因此，用工单位同样需对被派遣劳动者负有相应的义务。

也就是说，派遣劳动者享有的权利和应当履行的义务与生产经营单位正式员工完全一样。实行同岗同权，接受生产经营单位在安全生产方面的管理，也必须履行《安全生产法》规定的义务。

第四章 安全生产的监督管理

第五十九条 县级以上地方各级人民政府应当根据本行政区域内的安全生产状况，组织有关部门按照职责分工，对本行政区域内容易发生重大生产安全事故的生产经营单位进行严格检查。

安全生产监督管理部门应当按照分类分级监督管理的要求，制定安全生产年度监督检查计划，并按照年度监督检查计划进行监督检查，发现事故隐患，应当及时处理。

【条文释义】

本条是关于县级以上地方各级人民政府在安全生产监督管理方面应履行的主要职责的规定，为修订条款。

本条第一款为修订内容。县级以上地方各级人民政府对本行政区域内容易发生重大生产安全事故的生产经营单位，负有组织检查的职责，而具体的检查工作由有关部门负责。县级以上地方各级人民政府和有关部门都应当认真履行自己的职责。这里的有关部门是指负有检查职责的行政部门，包括劳动行政主管部门、建设行政主管部门、质量技术监督行政部门等。检查应依法进行，不得影响被检查单位的正常生产经营和使用。且为增强监督检查的针对性和实效性，检查时应做到"四不两直"（不发通知、不打招呼、不听汇报、不用陪同和接待，直奔基层、直插现场），并将其制度化，常态化。其中，原"发现事故隐患，应当及时处理"被删除。

本条第二款为新增内容。安全生产监督管理部门应当依照法律、法规、规章和本级人民政府、上级安全生产监督管理部门规定的安全监管监察职责，根据各自的监管监察权限、行政执法人员数量、监管监察的生产经营单位状况、技术装备和经费保障等实际情况，制定本部门安全生产年度监督检查计划。安全生产年度检查计划应当包括监管监察的对象、时间、次数、主要事项、方式和职责分工等内容。此外，一旦在检查中发现事故隐患，安全生产监督管理部门应当及时处理，尽快消除隐患。坚持边检查边整改的原则，落实整改措施，把检查和整改结合起来，及时消除事故隐患；对查出的不符合安全条件的各种问题，要指定专人负责，限期整改，一抓到底，抓出成效，该关闭的一律关闭，该停运的一律停运，该停业整顿的一律停业整顿。

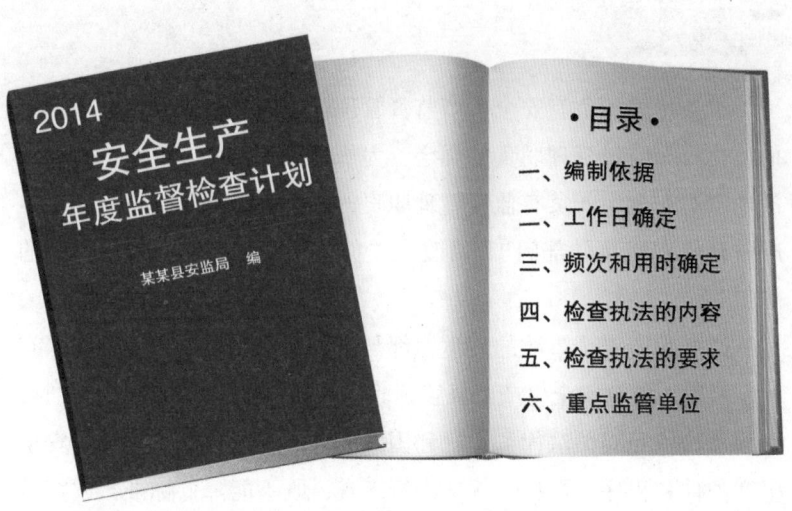

第六十条　负有安全生产监督管理职责的部门依照有关法律、法规的规定，对涉及安全生产的事项需要审查批准（包括批准、核准、许可、注册、认证、颁发证照等，下同）或者验收的，必须严格依照有关法律、法规和国家标准或者行业标准规定的安全生产条件和程序进行审查；不符合有关法律、法规和国家标准或者行业标准规定的安全生产条件的，不得批准或者验收通过。对未依法取得批准或者验收合格的单位擅自从事有关活动的，负责行政审批的部门发现或者接到举报后应当立即予以取缔，并依法予以处理。对已经依法取得批准的单位，负责行政审批的部门发现其不再具备安全生产条件的，应当撤销原批准。

【条文释义】

本条是关于负有安全生产监督管理职责的部门必须依法履行审批、验收等监督管理职责的规定，为修订条款，将"依照本法第九条规定对安全生产负有监督管理职责的部门（以下统称负有安全生产监督管理职责的部门）"修改为"负有安全生产监督管理职责的部门"。

许多生产安全事故的发生，都与有关部门在审查时把关不严有关。因此，负有安全生产监督管理职责的部门在进行审查、验收时，必须严格依照有关法律、法规和国家标准或者行业标准规定的安全生产条件和程序，严格、逐项进行审查，既不能降低标准，放宽条件，也不能违反程序要求，更不能不加审查。对于不符合有关法律、法规和国家标准或者行业标准规定的安全生产条件的，一律不得批准或者验收通过。也不能搞所谓的"先批准,后整改"。

对未依法取得批准或者验收合格的单位,负责行政审批的部门无论是在日常监督检查中发现,还是经单位或者个人举报并经查实,都应当立即予以取缔,并依法予以处理。未依法取得批准或者验收合格的单位,既包括根本未向有关部门申请批准或者验收涉及安全生产事项的单位,也包括虽向有关部门申请,但因不符合法律、法规以及国家标准或者行业标准规定的安全生产条件而未获得批准或者验收通过的单位。

此外,负责对涉及安全生产的事项进行行政审批的部门不能一批了事,必须加强审批后的监督检查,对取得批准的生产经营单位的安全生产条件及时进行检查。一旦发现其不再具备安全生产条件的,应当撤销原批准。被撤销批准的单位不得继续从事相关的生产经营活动。

第六十一条 负有安全生产监督管理职责的部门对涉及安全生产的事项进行审查、验收,不得收取费用;不得要求接受审查、验收的单位购买其指定品牌或者指定生产、销售单位的安全设备、器材或者其他产品。

【条文释义】

本条是关于禁止在对涉及安全生产的事项进行审查、验收时收取费用和要求被审查、验收的单位购买指定产品的规定,为保留条款。

对负有安全生产监督管理职责的部门来讲,其进行审查、验收,是履行法定职责的公务行为,所需经费应当由各级政府财政予

第二部分 新修订《安全生产法》条文解读

以保证。规定对涉及安全生产的事项进行审查、验收时不得收取费用，可以从制度上防止少数管理部门及其工作人员把审查、验收当作部门"创收"以及个人谋取私利的手段，防止"钱权交易"。同时，对生产经营单位来说，涉及安全生产的事项种类很多，如果这类审查、验收都要收取费用，将是一项不小的负担。因此，对涉及安全生产的事项进行审查、验收时不收取费用，有利于减轻生产经营单位的负担，促使生产经营单位对审查、验收积极地予以配合。

实践中，一些负有安全生产监督管理职责的部门在对生产经营单位涉及安全生产的事项进行审查、验收时，滥用职权，要求接受审查、验收的单位购买其指定品牌或者指定生产、销售单位的安全设备、器材或者其他产品。这种行为严重地侵犯了生产经营单位的利益，因此对于要求购买指定产品的，生产经营单位有权拒绝购买并有权向有关方面检举、控告。当然，负有安全生产监督管理职责的部门对生产经营单位使用的安全设备、器材等是否符合保障安全生产的国家标准、行业标准，可以依法进行检查并作出相应处理。对违反上述规定的，本法第八十八条给出了相应处罚规定。

第六十二条 安全生产监督管理部门和其他负有安全生产监督管理职责的部门依法开展安全生产行政执法工作，对生产经营单位执行有关安全生产的法律、法规和国家标准或者行业标准的情况进行监督检查，行使以下职权：

（一）进入生产经营单位进行检查，调阅有关资料，向有关单位和人员了解情况；

（二）对检查中发现的安全生产违法行为，当场予以纠正或

第四章 安全生产的监督管理

者要求限期改正；对依法应当给予行政处罚的行为，依照本法和其他有关法律、行政法规的规定作出行政处罚决定；

（三）对检查中发现的事故隐患，应当责令立即排除；重大事故隐患排除前或者排除过程中无法保证安全的，应当责令从危险区域内撤出作业人员，责令暂时停产停业或者停止使用相关设施、设备；重大事故隐患排除后，经审查同意，方可恢复生产经营和使用；

（四）对有根据认为不符合保障安全生产的国家标准或者行业标准的设施、设备、器材以及违法生产、储存、使用、经营、运输的危险物品予以查封或者扣押，对违法生产、储存、使用、经营危险物品的作业场所予以查封，并依法作出处理决定。

监督检查不得影响被检查单位的正常生产经营活动。

【条文释义】

本条是关于安全生产监督管理部门和其他负有安全生产监督管理职责的部门及其执法人员开展安全生产监督检查时，所享有的检查权、处理权和采取行政强制措施的权力的规定，为修订条款。

安全生产监督管理部门和其他负有安全生产监督管理职责的部门对生产经营单位进行监督检查，开展行政执法工作的主要依据是相关的安全生产法律、法规、国家标准和行业标准，其职权的主要内容有四项。其中，将"负有安全生产监督管理职责的部门"修改为"安全生产监督管理部门和其他负有安全生产监督管理职责的部门"；明确了"开展安全生产行政执法工作"的说法。

1. 现场调查取证权。包括：

（1）安全生产监督管理部门和其他负有安全生产监督管理职责

的部门有权进入生产经营单位进行现场检查,被检查单位不得拒绝;

(2)有权向被检查单位调阅与监督检查有关的资料,被检查单位应当如实提供;

(3)向有关人员了解相关的情况。有关人员应当予以配合,如实提供有关情况。

2.现场处理权。包括:

(1)相关部门对监督检查中发现的安全生产违法行为,有权当场予以纠正或者要求限期改正;

(2)责令排除事故隐患;

(3)责令采取紧急避险措施权;

(4)对检查中发现的违法行为,依照有关法律、法规的规定应当由负有安全生产监督管理职责的部门予以处罚的,依法作出行政处罚的决定。

3.采取查封或扣押行政强制措施权。其中,将"应当在15日

内依法作出处理决定"修改为"依法作出处理决定";新增"以及违法生产、储存、使用、经营、运输的危险物品予以查封或者扣押,对违法生产、储存、使用、经营危险物品的作业场所予以查封"。

监督检查不得影响被检查单位的正常生产经营活动,且生产经营单位也有义务配合有关部门依法开展的安全生产监督检查。

第六十三条 生产经营单位对负有安全生产监督管理职责的部门的监督检查人员(以下统称安全生产监督检查人员)依法履行监督检查职责,应当予以配合,不得拒绝、阻挠。

【条文释义】

本条是关于生产经营单位必须配合安全生产监督检查人员履行监督检查职责的规定,为保留条款。

这是生产经营单位的一项法定义务,不能以任何借口和理由加以拒绝。同时,也不能以任何手段设置障碍,阻碍监督检查。安全生产监督检查人员依法履行监督检查职责,是代表国家执行公务的行为,具有强制性,生产经营单位必须接受。

而且,必须提供相应的便利条件,予以积极配合。包括允许监督检查人员进入相关场所实施现场检查,为监督检查人员依法履行职务提供便利条件,满足监督检查人员依法提出的调阅有关资料、检查有关设施、设备,找生产经营单位负责人或有关人员谈话了解有关情况等属于检查职权范围内的合法要求。

生产经营单位不履行这项法定义务时,应承担本法第一百零五条及其他相关法律法规规定的法律责任。当然,安全生产监督检查人员必须依法履行监督检查职责，不得滥用职权，提出不合理的要求。对于违反法律规定的检查要求，生产经营单位有权予以拒绝，并有权向有关部门举报。

第六十四条 安全生产监督检查人员应当忠于职守，坚持原则，秉公执法。

安全生产监督检查人员执行监督检查任务时，必须出示有效的监督执法证件；对涉及被检查单位的技术秘密和业务秘密，应当为其保密。

【条文释义】

本条是关于安全生产监督检查人员的基本执法准则的规定，以及在执行监督检查任务时应当出示证件及履行保密义务的规定，为保留条款。

安全生产监督检查人员应当具备基本的公务道德水准，严格依法履行职责，不得徇私枉法，也不得滥用职权，侵犯被监督检查对象的合法权益，即安全生产监督管理人员应忠于职守、坚持原则、秉公执法。

安全生产监督检查人员在执行监督检查任务时，应当出示监督执法证件，监督执法证件由负有安全生产监督管理职责的部门制发。要求安全生产监督检查人员在进行监督检查时，必须出示监督执法证件，目的是为了向相对人表明执法者的身份和执法的合法性，防止他人假冒执法人员侵犯相对人的合法权益。安全生产监督检查人员执行职务时不依法出示监督执法证件的，被监督检查的单位有权拒绝检查。

安全生产监督检查人员执行公务时，对涉及被检查单位的技术秘密和业务秘密，应承担保密的义务。因为这些属于被检查单位的商业秘密，一旦泄露出去，将会给生产经营单位造成不利影响。

第六十五条 安全生产监督检查人员应当将检查的时间、地点、内容、发现的问题及其处理情况，作出书面记录，并由检查人员和被检查单位的负责人签字；被检查单位的负责人拒绝签字的，检查人员应当将情况记录在案，并向负有安全生产监督管理职责的部门报告。

【条文释义】

本条是关于安全生产监督检查人员在监督检查时,应当对有关检查情况作出记录的规定,为保留条款。

安全生产的监督检查工作是一项重要细致、有多个环节的工作,需要认真对待,仔细严谨,不能出现差错。因为安全生产的监督检查工作具有连续性,这就要求安全生产的监督检查人员之间需要对自己的检查工作有一定交接手续,防止监督检查工作断档,安全生产的检查工作情况、工作结果等应便于查询,便于找出检查监督工作本身存在的有关问题的原因。同时,做好安全生产监督检查的记录工作,一旦发生生产安全事故,也便于查找相关检查记录及相关责任。

安全检查记录应当为书面形式,具体内容应当包括:

(1)检查的时间,指的是检查的具体年、月、日的时间;

(2)检查的地点,记录应当具体、明确,载明实施检查的具体场所;

(3)检查的内容,是指检查的具体事项;

(4)检查中发现的问题,对检查中发现的被检查单位存在的与有关安全生产的法律、法规、国家标准、行业标准等要求不符的情况,应如实加以记录;

(5)对检查中发现的问题的处理情况(特别是发现事故隐患的处理情况),应当如实记录在案。

检查记录须由检查人员和被检查单位的负责人签字。如果被检查单位的负责人拒绝签字的,检查人员应当将这一情况在检查记录中说明,并向负有安全生产监督管理职责的部门报告。本条要求检查人员签字,目的是便于明确责任,增强检查人员的责任心。

第四章 安全生产的监督管理

为了确保安全检查的有效性，保证本条的正确执行，安全生产监督管理部门可以将安全生产的监督检查记录做成标准的格式，要求安全生产监督检查人员按格式进行填写；如果没有做成标准格式的，也应提出具体的记录要求。

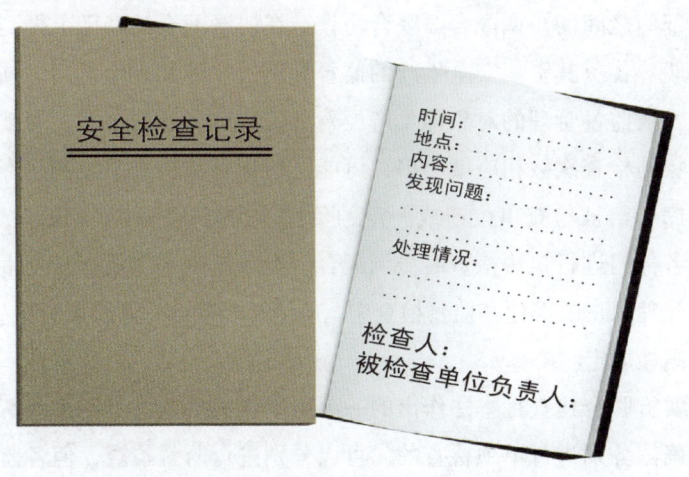

第六十六条 负有安全生产监督管理职责的部门在监督检查中，应当互相配合，实行联合检查；确需分别进行检查的，应当互通情况，发现存在的安全问题应当由其他有关部门进行处理的，应当及时移送其他有关部门并形成记录备查，接受移送的部门应当及时进行处理。

【条文释义】

本条是关于负有安全生产监督管理职责的部门在监督检查中应互相配合的规定,为保留条款。

生产经营单位的安全生产活动涉及多个方面,这就需要各监督检查部门之间的协调配合,联合协作,在协调配合的基础上做到各司其职、各负其责。安全生产的监督管理不仅涉及多个部门,同时还涉及被监督管理的对象即生产经营单位,监督部门多了,对被检查对象的检查次数相应就会多,可能会影响到被检查单位的生产经营秩序、给被检查单位造成一定的负担。为防止这一现象的发生,确保各部门进行执法检查时协调配合,本条作出了"负有安全生产监督管理职责的部门在监督检查中,应当互相配合,实行联合检查"的原则性规定。

实行联合检查是本法作出的一项原则性的规定。当在某些情况下,确需分别进行单项检查的,可以分别进行监督检查,但各监督检查部门应做到以下两点:

(1)应当互通情况。实施监督检查的部门应将自己在监督检查中发现的涉及其他有关部门监督管理职责范围内的情况,主动通报给相关的监督管理部门。

(2)发现的问题应属于其他部门处理的,应移交其他部门。一个部门在进行监督检查时,可能会发现不属于自己监督处理职权范围的问题,对此应将自己监督检查发现的应由其他部门处理的安全问题,及时移送其他有关部门,并形成书面记录备查。接受移送的部门应当按照法定职权,依法及时作出处理。如果置之不理,出现问题应按渎职处理,依法追究渎职者的责任。

第四章 安全生产的监督管理

第六十七条 负有安全生产监督管理职责的部门依法对存在重大事故隐患的生产经营单位作出停产停业、停止施工、停止使用相关设施或者设备的决定,生产经营单位应当依法执行,及时消除事故隐患。生产经营单位拒不执行,有发生生产安全事故的现实危险的,在保证安全的前提下,经本部门主要负责人批准,负有安全生产监督管理职责的部门可以采取通知有关单位停止供电、停止供应民用爆炸物品等措施,强制生产经营单位履行决定。通知应当采用书面形式,有关单位应当予以配合。

负有安全生产监督管理职责的部门依照前款规定采取停止供电措施,除有危及生产安全的紧急情形外,应当提前二十四小时通知生产经营单位。生产经营单位依法履行行政决定、采取相应措施消除事故隐患的,负有安全生产监督管理职责的部门应当及时解除前款规定的措施。

【条文释义】

本条是关于负有安全生产监督管理职责的部门可采取的一些强制措施的规定,为新增条款。

针对实践中有些生产经营单位存在重大事故隐患,但拒不执行监管部门依法作出的停产停业等决定而导致事故发生的情况,赋予负有安全监管职责的部门对拒不执行执法决定、有发生生产安全事故现实危险的生产经营单位依法采取停电、停供民用爆炸物品等措施,强制生产经营单位履行决定的权力。这是本次修订的亮点之一。

由于采取停电等措施对企业的生产经营活动有直接影响,其适用的前提条件和程序有很多限制,不可随意使用,因此要做到前提条件合理,执行程序合法。

强制停动力资源必须满足四个条件:确实存在重大事故隐患、企业拒不执行停产停业决定、必须有发生现实危险的可能、采取措施要在保证安全的基础上。

强制停动力资源必须经过两个程序:

(1)需要向有关单位通知停电、停民爆用品时,在程序上,必须经过安全监管部门主要负责人批准。安全监管部门主要负责人批准后,方可通知电力、民爆用品等有关单位执行配合。

(2)负有安全生产监督管理职责的部门依法执行停动力资源决定时,应该书面通知企业,同时,电力部门、负责民爆品发放的部门等相关部门应当予以配合。

第四章 安全生产的监督管理

此外,执行停电措施,需提前二十四小时通知。由于停电会对生产经营单位的生产、生活造成较为严重的影响,稍有不慎还会造成安全生产事故,所以停电措施必须提前通知,除有危及审查安全的紧急情形外。存在事故隐患的生产经营单位依法履行相关行政决定,并采取措施消除事故隐患的,负有安全生产监督管理职责的部门应当及时解除停止供电、停止供应民用爆炸物品等的措施。

第六十八条 监察机关依照行政监察法的规定,对负有安全生产监督管理职责的部门及其工作人员履行安全生产监督管理职责实施监察。

【条文释义】

本条是关于监察机关依法对负有安全生产监督管理职责的部门及其工作人员实施行政监察的规定,为保留条款。

监察机关依法对负有安全生产监督管理职责的部门及其工作人员履行安全生产监督管理职责实施监察。依照《中华人民共和国行政监察法》的规定,国务院监察机关对国务院各部门及其公务员,国务院及国务院各部门任命的其他人员,省、自治区、直辖市人民政府及其领导人员实施监察;县级以上地方各级人民政府监察机关对本级人民政府各部门及其公务员,本级人民政府及本级人民政府各部门任命的其他人员,下一级人民政府及其领导人员实施监察。

监察机关履行职责,有权要求被监察的部门和人员提供与监察事项有关的文件、资料、财务帐目及其他有关的材料,进行查阅或者予以复制;有权要求被监察的部门和人员就监察事项涉及的问题作出解释和说明；有权责令被监察的部门和人员停止违反法律、法规和行政纪律的行为。

监察机关依法作出的监察决定，有关部门和人员应当执行。监察机关依法提出的监察建议，有关部门无正当理由的，应当采纳。监察机关履行监察职责时需要遵守法定的监察程序。

第六十九条 承担安全评价、认证、检测、检验的机构应当具备国家规定的资质条件，并对其作出的安全评价、认证、检测、检验的结果负责。

【条文释义】

本条是关于承担安全评价、认证、检测、检验的机构应具备的资格条件及责任的规定，为保留条款。

由于安全评价、认证、检测、检验工作事关重大，又具有很强的专业性、技术性，因此，保证安全评价、认证、检测、检验结果的客观、真实、公正，一个重要的前提条件是承担安全评价、认证、检测、检验的机构必须具备相应的资质条件。如具有相应的专业技术人员；具备相应的合格的检验、检测设备、器材；具有严格、健全的内部业务管理制度等。

承担安全评价、认证、检测、检验的机构必须具备相应的资质条件。否则，不得开展安全评价、认证、检测、检验业务。根据有关法律、法规、规章规定，承担相关机构管理职责的部门要认真履行职责，切实加强对此类机构的监督管理，保证其具备国家规定的资质条件。

第四章 安全生产的监督管理

为了规范承担安全评价、认证、检测、检验的机构的业务行为，促使其认真履行职责，必须明确、强化其责任。因此，《安全生产法》还明确规定，承担安全评价、认证、检测、检验的机构应当对其作出的安全评价、认证、检测、检验的结果负责。故意出具虚假证明或者出具的证明不具备客观性、真实性、公正性的，应当依照本法及其他相关法律、法规的规定承担相应责任。

> **第七十条** 负有安全生产监督管理职责的部门应当建立举报制度，公开举报电话、信箱或者电子邮件地址，受理有关安全生产的举报；受理的举报事项经调查核实后，应当形成书面材料；需要落实整改措施的，报经有关负责人签字并督促落实。

【条文释义】

本条是关于安全生产举报制度的相关规定，为保留条款。

举报制度是我们各级国家机关一直实行的一种有利于加强同人民群众联系，有利于充分发挥人民群众对违法行为的监督作用的行之有效的制度。本条将这一制度以法律的形式确立在安全生产的监督管理工作之中，负有安全生产监督管理职责的部门应依据本条的规定，建立、健全有关安全生产的监督举报制度。

按照本条规定，负有安全生产监督管理职责的部门建立举报制度，须遵守下列要求：

（1）公开举报电话、信箱或者电子邮件地址，即要向社会公开监督举报的联系方式。一是公开的面要广，要让多数人知悉，一般来讲应通过影响面较广的媒体对外公开；二是公开受理举报的单位的电话、信箱或者电子邮件地址应当具体、明确,便于记忆;三是对受理举报的事项应要公开,应当包括受对生产经营单位违反有关安全生产法律、法规行为的举报,以及对负有安全生产监督管理职责的监管部门的工作人员不依法行政的举报等。

(2)受理单位应调查核实举报内容。负有安全生产监督管理职责的部门不能将建立举报制度作为形式,要对于举报的内容进行调查核实,一旦核实就应当形成书面文字、写出报告。

(3)督促落实。受理举报的部门在调查核实以后,应当依法作出处理决定。

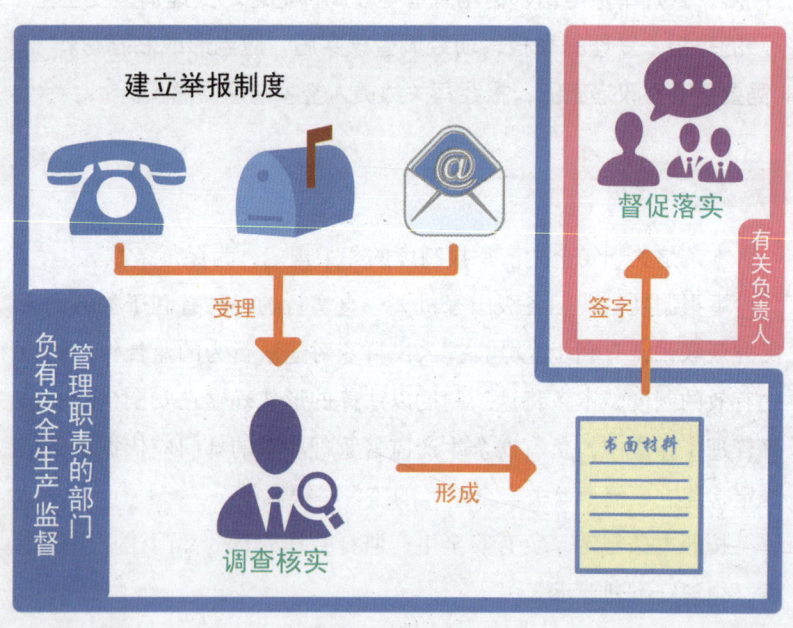

第四章 安全生产的监督管理

第七十一条 任何单位或者个人对事故隐患或者安全生产违法行为，均有权向负有安全生产监督管理职责的部门报告或者举报。

【条文释义】

本条是关于任何单位或者个人对事故隐患或者安全生产违法行为有权举报的规定，为保留条款。

事故隐患和安全生产违法行为是安全生产的大敌。若事故隐患没有整改、安全生产违法行为没有改正，则可能酿成生产安全事故。加强安全生产的监督管理，防止和减少生产安全事故，保障人民群众生命安全和财产安全，不仅是人民政府、安全生产监督管理部门的职责，而且也是一项需要依靠全社会共同努力的事情。

为了发挥全社会对安全生产的监督作用，报告或举报是一种有利于社会公共利益的义举。发动人民群众和社会力量对事故隐患或者安全生产违法行为进行举报，可以避免或者减少重大生产安全事故，可以使安全生产违法行为得到查处。

因此本条规定，任何单位或者个人对事故隐患或者安全生产违法行为，均有权向负有安全生产监督管理职责的部门报告或者举报。报告或者举报可以具名公开身份，也可以匿名报告或者举报，不公开身份。对具名报告或者举报但不愿对外公开身份的，接受报告或者举报的负有安全生产监督管理职责的部门接到报告或者举报后，应当为当事人保密。

第二部分 新修订《安全生产法》条文解读

第七十二条 居民委员会、村民委员会发现其所在区域内的生产经营单位存在事故隐患或者安全生产违法行为时,应当向当地人民政府或者有关部门报告。

【条文释义】

本条是关于居民委员会、村民委员会在安全生产方面应履行的报告义务的规定,为保留条款。

居民委员会、村民委员会所在区域内的生产经营单位存在事故隐患或者安全生产违法行为,可能造成生产安全事故,不仅可能危害从业人员的安全,还可能危及周围地区居民或者村民的安全。按照《中华人民共和国城市居民委员会组织法》、《中华人民共和国村

第四章 安全生产的监督管理

民委员会组织法》的有关规定，居民委员会、村民委员会的重要任务之一，就是维护居民或者村民的合法权益。为了维护当地居民或者村民的安全，维护社会公共利益，因此本条规定，居民委员会、村民委员会发现其所在区域内的生产经营单位存在事故隐患或者安全生产违法行为时，有义务向当地人民政府或者有关部门报告。当地人民政府或者有关部门接到报告后应当给予重视，作出相应的处理。否则，一旦出现问题，有关责任人员应承担相应的法律责任。

第七十三条 县级以上各级人民政府及其有关部门对报告重大事故隐患或者举报安全生产违法行为的有功人员，给予奖励。具体奖励办法由国务院安全生产监督管理部门会同国务院财政部门制定。

【条文释义】

本条是关于县级以上各级人民政府及其有关部门应对报告重大事故隐患或者举报安全生产违法行为的有功人员予以奖励的规定，为修订条款。

县级以上各级人民政府及其有关部门，对报告重大事故隐患或者举报安全生产违法行为的有功人员，应当给予奖励。比如由于报告或者举报属实，经过安全生产监督管理部门的检查和督促处理，有效地避免重大生产安全事故的发生，该报告人或举报人员就应当受到奖励。这里所讲的奖励，主要是指物质奖励，也包括精神奖励。对于奖励的具体办法，本条没有作出具体的规定，而是授权国务院安全生产监督管理部门会同国务院财政部门共同制定，发布施行。

第二部分 新修订《安全生产法》条文解读

其中将"国务院负责安全生产监督管理的部门"修改为"国务院安全生产监督管理部门"。

第七十四条 新闻、出版、广播、电影、电视等单位有进行安全生产公益宣传教育的义务,有对违反安全生产法律、法规的行为进行舆论监督的权利。

【条文释义】

本条是关于宣传舆论单位的安全生产公益宣传教育义务和监督安全生产违法行为的权利的规定,为修订条款。

新闻、出版、广播、电影、电视等单位应当主动进行安全生产教育,突出"公益性",不得因经济利益或者其他原因拒绝这方面的工作。对有关人民政府及其有关部门提出的安全生产公益宣传教育任务,新闻、出版、广播、电影、电视等单位不应推拖,而应当积极配合完成。安全生产公益宣传教育的主要内容应当是有关安全生产的法律、法规,有关安全生产知识,典型的安全生产案例等。宣传教育要坚持正确的导向,弘扬正确的、合法的做法,批判错误的、违法的行为,引导人们树立正确的安全生产观念,正确处理发展经济与安全生产的关系。宣传教育工作要紧密配合国家安全生产管理工作的整体部署,围绕现阶段的工作重点展开,为法律、政策的贯彻执行营造良好的氛围。宣传教育的形式灵活多样,各单位可以结合本单位的特点,将安全生产宣传教育工作落到实处。

新闻、出版、广播、电影、电视等单位的舆论监督透明度高、传播面广、影响力大,对违反安全生产法律、法规的单位和个人有特殊的威慑作用,是一种有效的监督方式。因此,法律赋予它们以舆论监督的权利,任何单位和个人不得阻挠、干预对安全生产违法行为正常的舆论监督。舆论监督的对象包括有安全生产违法行为的生产经营单位及其管理人员、从业人员,也应当包括滥用职权或者不依法履行安全生产监督管理职责的政府部门及其工作人员。舆论监督主要采取曝光的方式。但是,舆论监督单位对有关安全生产违法行为进行曝光,要有可靠的根据,避免造成不良影响。

本次修订将原"安全生产宣传教育"修改为"安全生产公益宣传教育",强调了"公益"二字。公益宣传教育是社会活动的一种,它首先不是以经济利益最大化为首要目标,而是以社会大众的利益为首要目标。

第七十五条 负有安全生产监督管理职责的部门应当建立安全生产违法行为信息库,如实记录生产经营单位的安全生产违法行为信息;对违法行为情节严重的生产经营单位,应当向社会公告,并通报行业主管部门、投资主管部门、国土资源主管部门、证券监督管理机构以及有关金融机构。

【条文释义】

本条是关于安全生产违法行为信息库的相关规定,为新增条款,是本次修订的一大亮点。

综合目前失信频发、失信主体多元、失信手段多样,但往往失信后果并不严重的现状,本次将违法行为信息库入法,即把此作为扩大公众知情权、参与权、奖励社会监督,督促生产经营单位依法做好安全生产工作的一项举措,从长远角度考虑了可能涉及的社会诚信体系建设问题。

针对一些企业特别是上市公司"不怕罚款怕曝光"的情况,我国拟实行"黑名单"制度,规定监管部门建立安全生产违法行为信息库,记录企业的安全生产违法行为信息。

企业发生重大以上事故或存在重大的非法违法行为,上了"黑名单"后,同时通报工商、银行、国土等相关部门,多个部门共同采取联合制裁措施,将对企业产生更大的约束力。这有助于建立安全生产的失信惩戒机制,增加企业的违法成本,促进企业严格遵守法律法规,而且会增加企业失信成本,在社会诚信体系中留下记录,一旦此后涉及贷款、立项等,均可以构成不良影响。

《安全生产非法违法企业信息发布管理办法》(安监总厅统计〔2014〕55号)明确规定:

(1)安全生产非法违法企业信息每季度发布一次。每季度第一个月20日前对上一季度安全生产非法违法企业名单及相关信息在国家安全监管总局网站和中央主流媒体发布。

(2)安全生产非法违法企业信息公示期与核销。

①安全生产非法违法企业信息公示期一般为1年。

②公示期满前,由责任企业向省级安全监管、煤矿安监部门提出核销申请并附相关整改材料,由省级安全监管、煤矿安监部门负责核查,并将核查结果和企业申请材料一并报统计司。

③统计司汇总核审后,提交国家安全监管总局局长办公会议审议。

④在国家安全监管总局网站上公告信息公示解除情况,将审议通过的企业信息予以移除,并向媒体通报。

⑤被公示企业未按要求改正,或屡查屡犯的,由相关安全监管监察部门依法从重处罚,并延长公示期。

（3）公布信息：序号、企业（单位）名称、所在地、安全生产非法违法行为、查出时间、备注（信息来源）。

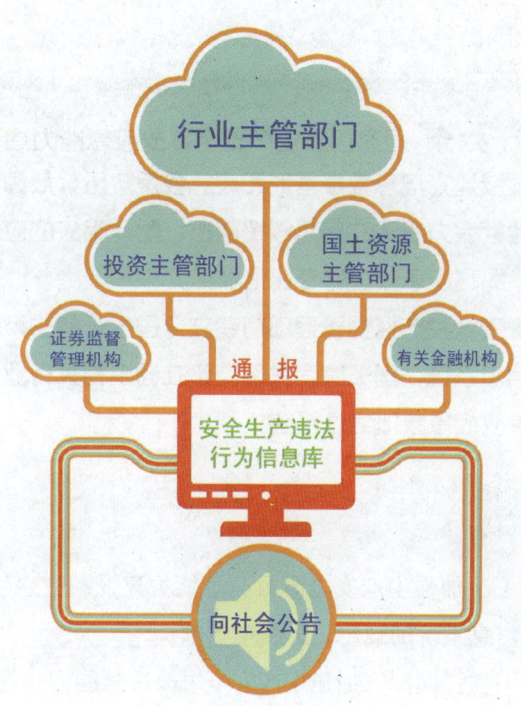

第五章 生产安全事故的应急救援与调查处理

第七十六条 国家加强生产安全事故应急能力建设,在重点行业、领域建立应急救援基地和应急救援队伍,鼓励生产经营单位和其他社会力量建立应急救援队伍,配备相应的应急救援装备和物资,提高应急救援的专业化水平。

国务院安全生产监督管理部门建立全国统一的生产安全事故应急救援信息系统,国务院有关部门建立健全相关行业、领域的生产安全事故应急救援信息系统。

【条文释义】

本条是关于加强生产安全事故应急能力建设和建立生产安全事故应急救援信息系统的规定,为新增条款。

本条第一款强调国家加强生产安全事故应急能力建设。2010年,《国务院关于进一步加强企业安全生产工作的通知》(国发[2010]23号)明确要求加快国家安全生产应急救援基地建设,2011年,《国务院关于坚持科学发展安全发展促进安全生产形势持续稳定好转的意见》(国发〔2011〕40号)又指出,"抓紧7个国家级、14个区域性矿山应急救援基地建设,加快推进重点行业领域的专业应急救援队伍建设。县级以上地方人民政府要结合实际,整合应急资源,依托大型企业、公安消防等救援力量,加强本地区应急救援队伍建设"。

目前,全国21个国家和区域矿山应急救援队和21个国家和区

第五章 生产安全事故的应急救援与调查处理

域危化应急救援队已经基本建设完成,并在重点地区设立国家矿山和危化救援队的分队、分站,就近调配物资装备、就近开展救援。各地区根据应急救援需要,建立本级应急救援基地,可以采取联合建设的方式,由政府牵头组织邻近企业共同出资建设应急救援队伍,为所有企业提供应急救援保障。各类企业要根据规定建设本企业的专兼职救援队伍。

下一步,国家将本着布局合理、专兼结合、反应迅速、处置高效的原则,进一步优化国家、区域和地方、行业(领域)专业应急救援队伍及企业专兼职应急救援队伍、社会志愿者队伍构成,形成结构合理、上下贯通、纵横衔接、互为补充、满足需要的安全生产应急救援体系。

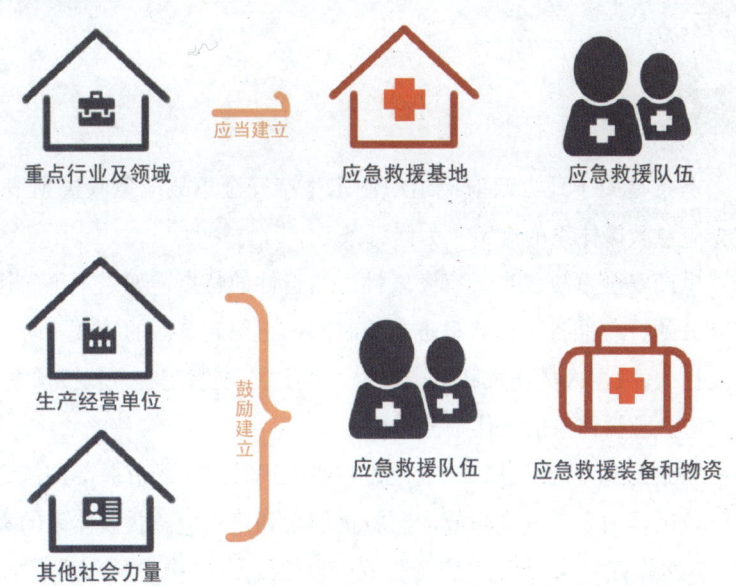

本条第二款是关于国务院及有关部门建立生产安全事故应急救援信息系统的规定。应急救援信息化建设是安全生产应急管理的关

键和重点，生产安全生产事故应急救援信息系统建设主要包括以下内容：

（1）加强安全生产应急平台体系建设；

（2）加强安全生产应急资源数据库建设；

（3）加强安全生产应急平台应用工作。

国务院有关部门则按照各自职责，依据有关标准和规范，建立健全相关行业、领域的生产安全事故应急救援信息系统。

第七十七条 县级以上地方各级人民政府应当组织有关部门制定本行政区域内生产安全事故应急救援预案，建立应急救援体系。

【条文释义】

本条是关于地方政府应组织制定生产安全事故应急救援预案、建立应急救援体系的规定，为修订条款。

生产安全事故多半具有突发性、紧迫性的特点，如果不事先作好充分的应急准备工作，很难在短时间内组织起有效的抢救，防止事故扩大，减少人员伤亡和财产损失。因此，事先制定应急救援预案，建立应急救援体系的工作十分重要。

本条据此规定了县级以上地方各级人民政府组织有关部门制定本行政区域内生产安全事故应急救援预案和建立应急救援体系的义务。本次修订将"特大生产安全事故应急救援预案"中的"特大"删掉，扩大了编制应急预案和建立应急救援体系的范围。

应急救援预案是指事先制定的关于生产安全事故发生时进行紧

第五章 生产安全事故的应急救援与调查处理

急救援的组织、程序、措施、责任以及协调等方面的方案和计划。应急救援体系是指保证应急救援预案的具体落实所需要的组织、人力、物力等各种要素及其调配关系的总和，是应急救援预案届时能够落实的保证。

因此，应急救援体系应当与应急救援预案相协调。同时，应急救援体系应当是一个统一指挥、分工明确、协调配合，在发生生产安全事故时能迅速启动的体系。

由于制定应急救援预案和建立应急救援体系涉及多个部门和方面，需要有较大的权威和有力的指挥、协调，单靠任何一个或者几个部门难以完成。因此，本条规定由县级以上地方各级人民政府组织有关部门来履行这项职责，是符合实际情况的。有关地方人民政府应当高度重视，切实作好制定生产安全事故应急救援预案和建立应急救援体系的工作。

第七十八条 生产经营单位应当制定本单位生产安全事故应急救援预案，与所在地县级以上地方人民政府组织制定的生产安全事故应急救援预案相衔接，并定期组织演练。

【条文释义】

本条是关于生产经营单位制定本单位生产安全事故应急救援预案和组织演练的规定，为新增条款。

在以往安全生产工作体系中的应急救援工作，侧重于急性工伤事故的应急处置；职业卫生管理体系中的应急救援工作，侧重于有毒有害化学品意外泄漏而造成急性职业病危害事故的应急处置。这两套应急救援体系共存非但没有给企业带来更有效的应急准备和响应方式、方法,反而让企业在应付突发性安全生产事故时,显得无所适从,所以生产经营单位应当制定本单位的生产安全事故应急救援预案,将以上两套应急预案结合并加以改进。

生产经营单位应急预案编制程序包括成立应急预案编制工作组、资料收集、风险评估、应急能力评估、编制应急预案和应急预案评审六个步骤。生产经营单位的应急预案体系主要由综合应急预案、专项应急预案和现场处置方案构成。生产经营单位应根据本单位组织管理体系、生产规模、危险源的性质以及可能发生的事故类型确定应急预案体系。

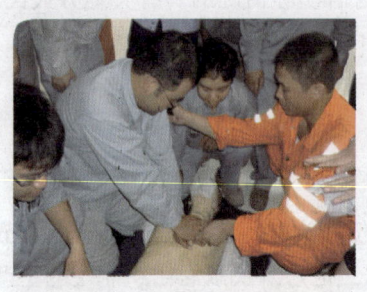

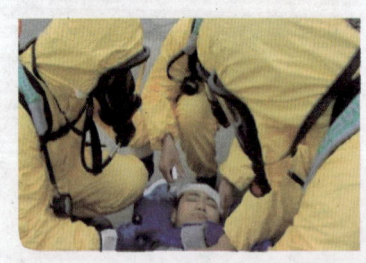

生产安全事故应急救援演练

针对生产经营单位与当地政府预案联接不紧密的问题,本条对此进行了专门确定,明确要求与所在地县级以上地方人民政府组织

第五章 生产安全事故的应急救援与调查处理

制定的生产安全事故应急救援预案相衔接,如生产经营单位一旦发生的生产安全事故超出厂界或超出自身的应急能力,必须也只能在政府的统一协调下,通过衔接好的预案,调动相关人、财、物资源,最大限度地减少生命和财产损失、环境损害和社会影响。

生产经营单位制定的生产安全事故应急救援预案应定期组织演练。生产安全事故应急演练按照演练内容分为综合演练和单项演练,按照演练形式分为现场演练和桌面演练,不同类型的演练可相互组合。应急演练的内容包括:预警与报告;指挥协调;应急通讯;事故监测;警戒管制;疏散安置;医疗卫生;现场处置;社会沟通;后期及其他工作。

第七十九条 危险物品的生产、经营、储存单位以及矿山、金属冶炼、城市轨道交通运营、建筑施工单位应当建立应急救援组织;生产经营规模较小的,可以不建立应急救援组织,但应当指定兼职的应急救援人员。

危险物品的生产、经营、储存、运输单位以及矿山、金属冶炼、城市轨道交通运营、建筑施工单位应当配备必要的应急救援器材、设备和物资,并进行经常性维护、保养,保证正常运转。

【条文释义】

本条是关于对高危行业的生产、经营、储存单位应建立事故应急救援体系的规定,为修订条款。

本条第一款为修订内容。本条规定的目的是为了保障危险物品生产、经营、储存单位以及矿山、金属冶炼、城市轨道交通运营、建筑施工单位的从业人员在事故发生时能及时得到救护，以尽可能减少事故造成的人员伤亡和财产损失。由于危险物品和矿山、建筑施工等危险程度不一样，对应急救援组织的要求有所不同，因此，本条对相关单位建立应急救援组织的问题只作出原则性规定。至于相关单位应当建立什么形式、多大规模的救援组织，应当按照有关规定执行。对于生产规模较小，可以不建立应急救援组织的，应当指定兼职的应急救援人员。其中，金属冶炼、城市轨道交通运营单位为新增。

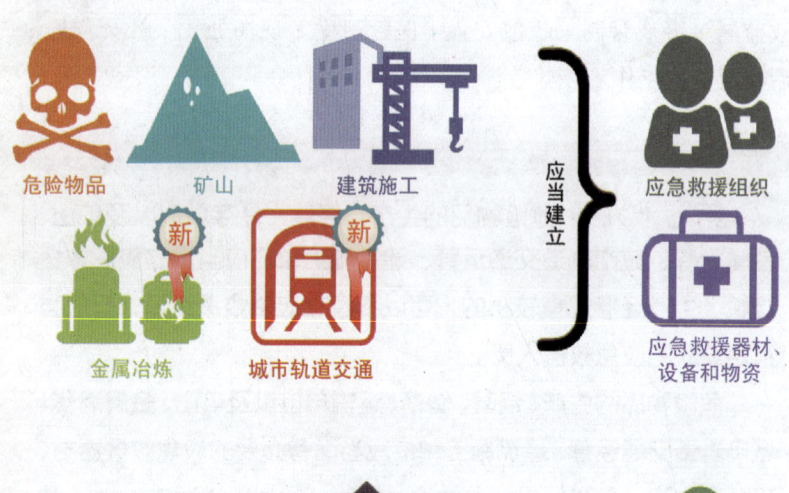

本条第二款为修订内容。危险物品的生产、经营、储存、运输单位以及矿山、金属冶炼、城市轨道交通运营、建筑施工单位应当配备必要的应急救援器材、设备和物资，并保证其正常运转，以防

急救时不能正常发挥作用。如矿山井下急救站，且应设在井下调度室附近的硐室内，站内必须有取暖设备、急救电话、氧气袋、担架以及为通畅呼吸道、包扎、止血、固定等必须的急救设备和药品。地面急救站应装备复苏器、电吸引器、麻醉机、抗休克裤、充气止血带等急救器材和急救药品。矿务局、矿务医院都应有专用急救救护车，日夜值班，不得安排其他用途。其中，金属冶炼、城市轨道交通运营单位为新增的，并将"必要的应急救援器材、设备"修改为"必要的应急救援器材、设备和物资"。

第八十条 生产经营单位发生生产安全事故后，事故现场有关人员应当立即报告本单位负责人。

单位负责人接到事故报告后，应当迅速采取有效措施，组织抢救，防止事故扩大，减少人员伤亡和财产损失，并按照国家有关规定立即如实报告当地负有安全生产监督管理职责的部门，不得隐瞒不报、谎报或者迟报，不得故意破坏事故现场、毁灭有关证据。

【条文释义】

本条是关于生产经营单位必须及时报告生产安全事故和组织抢救的规定，为修订条款。

本条第一款为保留内容。生产经营单位在生产经营过程中，发生生产安全事故，造成生命财产安全损害或可能危及生命财产安全时，现场作业人员、负责人或者安全管理人员应当立即报告本单位负责人，并及时采取可能的应急救援措施。

本条第二款为修订内容。生产经营单位负责人在接到报告后，必须立即组织抢救，防止事故扩大蔓延，减少人员伤亡和财产损失，对伤亡事故必须立即如实报告当地负有安全生产监督管理职责的部门，不得隐瞒不报、谎报或者迟报，不得故意破坏事故现场、毁灭有关证据。瞒报是指隐瞒已经发生的事故，超过规定时限未向安全监管监察部门和有关部门报告，经查证属实的；谎报是指故意不如实报告事故发生的时间、地点、初步原因、性质、伤亡人数和涉险人数、直接经济损失等有关内容的；迟报是指报告事故的时间超过规定时限的。其中，将"拖延不报"修改为"迟报"。

第八十一条 负有安全生产监督管理职责的部门接到事故报告后，应当立即按照国家有关规定上报事故情况。负有安全生产监督管理职责的部门和有关地方人民政府对事故情况不得隐瞒不报、谎报或者迟报。

【条文释义】

本条是关于负有安全监督职责的部门对事故的报告职责的规定，为修订条款。

安全生产监督管理部门和负有安全生产监督管理职责的有关部门接到事故报告后，应当依照规定上报事故情况，并通知公安机关、劳动保障行政部门、工会和人民检察院。按照国家有关规定实事求是地上报事故情况，是负有安全生产监督管理职责的部门必须履行的职责。只有按规定报告事故，才能及时组织对事故的查处，才能认真吸取教训，制定有效措施，防止同类事故的发生。

此外,本条在明确规定了负有安全生产监督管理职责的部门接到事故报告后立即按照国家有关规定上报的义务的同时,对负有安全生产监督管理职责的部门和有关地方人民政府隐瞒不报、谎报或者迟报的行为作出禁止性规定。其中,"迟报"为本次修订内容。

对于有关地方人民政府、负有安全生产监督管理职责的部门,对生产安全事故隐瞒不报、谎报或者迟报的,依照本法第一百零七条的规定予以处罚。

第八十二条 有关地方人民政府和负有安全生产监督管理职责的部门的负责人接到生产安全事故报告后,应当按照生产安全事故应急救援预案的要求立即赶到事故现场,组织事故抢救。

参与事故抢救的部门和单位应当服从统一指挥,加强协同联动,采取有效的应急救援措施,并根据事故救援的需要采取警戒、疏散等措施,防止事故扩大和次生灾害的发生,减少人员伤亡和财产损失。

事故抢救过程中应当采取必要措施,避免或者减少对环境造成的危害。

任何单位和个人都应当支持、配合事故抢救,并提供一切便利条件。

【条文释义】

本条是关于地方人民政府和负有安全生产监督管理职责的部门的负责人组织事故抢救的责任以及有关单位和个人支持、配合事故抢救的义务的规定,为修订条款。

第二部分 新修订《安全生产法》条文解读

本条第一款为修订内容。有关地方人民政府和负有安全生产监督管理职责的部门的负责人接到生产安全事故报告后,应当按照生产安全事故应急救援预案的要求立即赶到事故现场,组织开展应急救援,核实遇险、遇难及受伤人数,协调与调动应急资源,维护现场秩序,疏散转移可能受影响人员,开展医疗救治和疫情防控等工作。这是有关地方人民政府和负有安全生产监督管理职责的部门负责人法定的义务,不得以任何理由推诿不去或延迟前往。其中,本次修订将"重大生产安全事故"修改为"生产安全事故"。

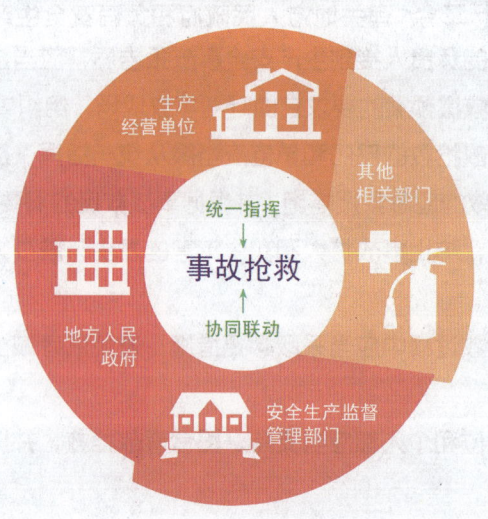

本条第二款为增加内容。事故应急救援必须是安全、救护、公安、消防、环保、卫生、质检等部门密切配合,协同作战,才能迅速、有效地组织和实施应急救援。要根据事故救援需要和现场实际需要划定警戒区域,及时疏散和安置事故可能影响的周边居民和群众,疏导劝离与救援无关的人员,维护现场秩序,确保救援工作高

第五章 生产安全事故的应急救援与调查处理

效有序。必要时，要对事故现场实行隔离保护，尤其是矿井井口、危险化学品处置区域、火区灾区入口等重要部位要实行专人值守，未经指挥部批准，任何人不准进入。要对现场周边及有关区域实行交通管制，确保应急救援通道畅通。

本条第三款为新增内容。保护环境是一项基本国策，因此，在本条修改内容中强调环境保护的重要性，我们要努力做到事故处理与环境保护协调进行。

本条第四款为保留内容。无论是发生事故的生产经营单位，还是其他单位和个人，都负有支持、配合事故抢救的义务，不得以明哲保身或旁观者的态度对待生产安全事故抢救或者阻挠、妨碍事故抢救。同时，还应当为事故抢救提供一切便利条件，包括人力、物力、技术等方面的便利条件。

第八十三条 事故调查处理应当按照科学严谨、依法依规、实事求是、注重实效的原则，及时、准确地查清事故原因，查明事故性质和责任，总结事故教训，提出整改措施，并对事故责任者提出处理意见。事故调查报告应当依法及时向社会公布。事故调查和处理的具体办法由国务院制定。

事故发生单位应当及时全面落实整改措施，负有安全生产监督管理职责的部门应当加强监督检查。

【条文释义】

本条是关于生产安全事故调查处理的原则、任务、内容、整改监督检查及事故调查报告的相关规定，为修订条款。

本条第一款为修订内容。事故调查处理应当坚持科学严谨、依法依规、实事求是、注重实效的原则,坚持"四不放过"(事故原因没有查清不放过、事故责任者没有严肃处理不放过、广大职工没有受到教育不放过、防范措施没有落实不放过)的原则,这是事故调查处理工作的指导原则,也是评价事故调查处理工作好坏的标准。事故调查处理要依据国务院制定的事故调查和处理办法进行:及时、正确地查清事故发生的原因;查明对事故负有责任人员,确定其责任程度;总结经验教训,提出整改措施;对事故责任者提出处理意见。事故调查处理结束后,应当及时依法向社会公布事故调查报告,以达到警示作用。其中,本次修订对事故调查处理原则进行了调整补充,即将"尊重科学"修改为"注重实效",并增加"科学严谨、依法依规"。

本条第二款为新增内容。由负有安全生产监督管理职责的部门通过加强监督检查的方法,确保事故发生单位举一反三,全面落实整改措施。

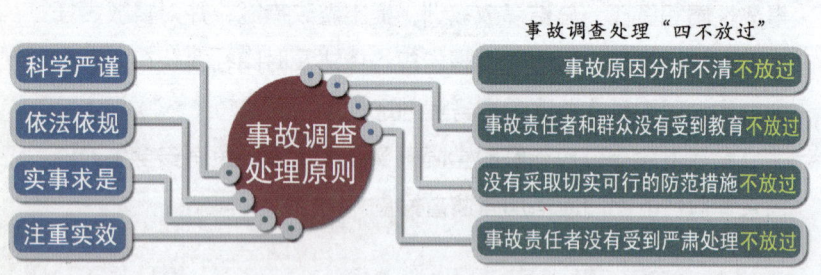

第五章 生产安全事故的应急救援与调查处理

第八十四条 生产经营单位发生生产安全事故,经调查确定为责任事故的,除了应当查明事故单位的责任并依法予以追究外,还应当查明对安全生产的有关事项负有审查批准和监督职责的行政部门的责任,对有失职、渎职行为的,依照本法第八十七条的规定追究法律责任。

【条文释义】

本条是关于追究生产经营单位及对安全生产的有关事项负有审批、监督职责的行政部门的生产安全事故责任的原则规定,为修订条款。

为了使所有对事故负责的人员都受到应有的追究,本条规定,事故经调查确定为责任事故的,首先要查明生产经营单位的责任并依法予以追究。即要查明生产经营单位是否因安全生产管理方面的问题而导致事故发生,同时依法追究有关负责人、主管人员以及其他负有直接责任人员的法律责任。其中,不构成犯罪的,给予行政处分或者行政处罚;构成犯罪的,依照刑法有关规定追究刑事责任。

同时,还应查明对有关安全生产事项负责审查批准和监督职责的有关行政部门的责任,主要是查明是否有失职、渎职行为,包括:对不符合法定安全生产条件的涉及安全生产的事项予以批准或者验收通过的;发现未依法取得批准、验收的单位擅自从事有关活动或者接到举报后不予取缔或者不依法予以处理的;对已经依法取得批准的单位不履行监督管理职责,发现其不再具备安全生产条件而不撤销原批准或者发生安全生产违法行为不予查处的。有上述行为之一并因此导致发生生产安全事故的，依照本法第八十七条的规定，应当对上述有关行政部门的工作人员给降级或者撤职的行政处分；构成犯罪的，依照刑法有关规定追究刑事责任。

第八十五条 任何单位和个人不得阻挠和干涉对事故的依法调查处理。

【条文释义】

本条是任何单位和个人不得阻挠和干预事故的调查处理的规定，为保留条款。

对生产安全事故进行调查处理，是严格执法、搞好安全生产工作的重要方面。通过对生产安全事故的调查处理，查清事故发生的原因，找到安全技术和管理方面存在的问题，可以更有针对性地采取预防措施；严肃处理事故责任人，可以教育有关人员从中吸取教训，增强安全生产的意识和执行安全法律、法规的观念。无论是发生生产事故的生产经营单位、从业人员，还是其他有关单位和个人，都应当积极配合事故调查，不得阻挠和干涉。否则，要根据情节轻重追究其相应的责任。

第八十六条 县级以上地方各级人民政府安全生产监督管理部门应当定期统计分析本行政区域内发生生产安全事故的情况，并定期向社会公布。

第五章 生产安全事故的应急救援与调查处理

【条文释义】

本条是关于生产安全事故的情况的统计分析和公布制度的规定,为修订条款。

政府安全生产监督管理部门应当认真做好对事故统计分析工作,为总结事故教训、找出安全生产中的薄弱环节、有针对性地加强事故预防提供资料。同时,为了便于社会了解生产安全事故的情况,保障公众对生产安全状况的知情权,本条规定以法律形式确立了县级以上地方各级人民政府应当定期公布本行政区域内发生的生产安全事故的情况的义务。其中将"县级以上地方各级人民政府负责安全生产监督管理的部门"修改为"县级以上地方各级人民政府安全生产监督管理部门"。

依照本条规定,定期统计分析本行政区域内发生生产安全事故的情况并定期向社会公布的机关是县级以上地方各级人民政府安全生产监督管理部门。省级人民政府安全生产监督管理部门负责本省、自治区、直辖市范围内发生生产安全事故的情况的统计分析和公布;市、县人民政府安全生产监督管理部门负责本市、县行政区域内该方面的工作。省级人民政府安全生产监督管理部门应当在全省性的媒体上公布,市、县级人民政府安全生产监督管理部门应当在全市、县性的媒体上公布。

通过定期公布本行政区域内的生产事故情况,对生产经营单位可以起到警戒作用。人民群众也可以通过媒体的公布对一定时期内发生的生产安全事故的情况有所了解,便于监督和提高安全生产意识。

第六章 法律责任

第八十七条 负有安全生产监督管理职责的部门的工作人员，有下列行为之一的，给予降级或者撤职的处分；构成犯罪的，依照刑法有关规定追究刑事责任：

（一）对不符合法定安全生产条件的涉及安全生产的事项予以批准或者验收通过的；

（二）发现未依法取得批准、验收的单位擅自从事有关活动或者接到举报后不予取缔或者不依法予以处理的；

（三）对已经依法取得批准的单位不履行监督管理职责，发现其不再具备安全生产条件而不撤销原批准或者发现安全生产违法行为不予查处的；

（四）在监督检查中发现重大事故隐患，不依法及时处理的。

负有安全生产监督管理职责的部门的工作人员有前款规定以外的滥用职权、玩忽职守、徇私舞弊行为的，依法给予处分；构成犯罪的，依照刑法有关规定追究刑事责任。

【条文释义】

本条是关于负有安全生产监督管理职责的部门的工作人员的失职、渎职行为的法律责任的规定，为修订条款。

本条第一款是修订内容。负有安全生产监督管理职责的部门的工作人员，应当承担责任的情况：对不符合法定安全生产条件的涉

第六章 法律责任

及安全生产的事项予以批准或者验收通过的;发现未依法取得批准、验收的单位和个人擅自从事有关活动或者接到举报到后不予以取缔或者不依法予以处理的;对已经依法取得批准的单位不履行监督管理职责,发现其不再具备安全生产条件而不撤销原批准或者发现安全生产违法行为不予查处的;在监督检查中发现重大事故隐患,不依法及时处理的。有上述行为的,应当承担行政责任,即降级或者撤职,和刑事责任。其中,将"行政处分"修改为"处分";第四项为新增的。

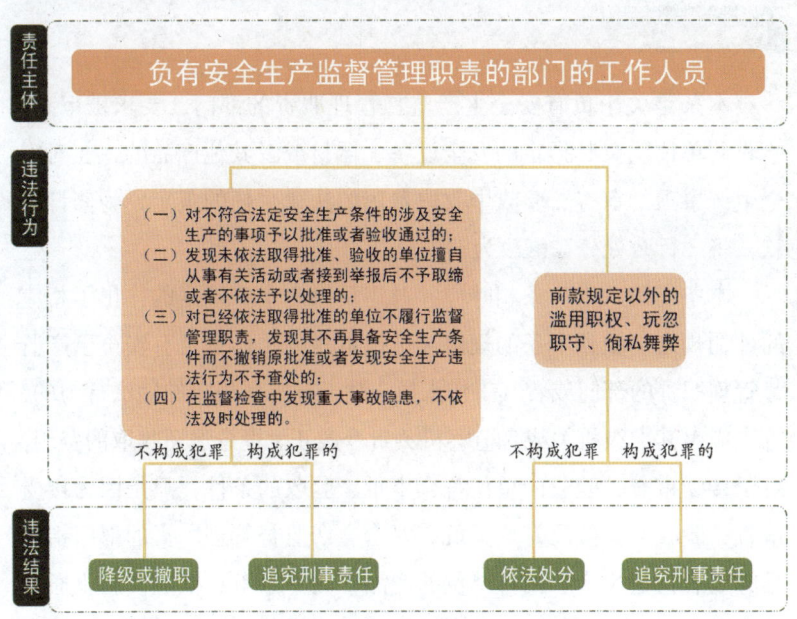

本条第二款为新增内容。关于滥用职权、玩忽职守罪,是指国家工作人员违反法律规定的权限和程序,滥用职权、玩忽职守,致使公共财产、国家或者人民利益遭受重大损失的行为。负有安全生产监督管理职责的部门的工作人员在安全生产监督管理中,有上述行为的,应当承担刑事责任。

第八十八条 负有安全生产监督管理职责的部门,要求被审查、验收的单位购买其指定的安全设备、器材或者其他产品的,在对安全生产事项的审查、验收中收取费用的,由其上级机关或者监察机关责令改正,责令退还收取的费用;情节严重的,对直接负责的主管人员和其他直接责任人员依法给予处分。

【条文释义】

本条是关于负有安全生产监督管理职责的部门,要求被审查、验收的单位购买其指定的安全设备、器材或者其他产品的,在对安全生产事项的审查、验收中收取费用的法律责任的规定,为修订条款,将"行政处分"修改为"处分"。

本条与第六十一条相呼应,对违反第六十一规定的作出了相应的处罚规定。根据本条的规定,承担责任的主体是负有安全生产监督管理职责的部门或者其工作人员。对于有本条规定的违法行为的,首先应由其上级机关或者监察机关责令改正,责令退还收取的费用。对于接受审查、验收的单位符合审批、验收的条件,只是因为接受审查、验收的单位没有购买负有安全生产监督管理职责的部门指定品牌或者指定生产、销售单位的产品,而不予审查批准或验收通过的,应责令审批部门依法予以批准或验收通过;对于在审查、验收中收取的费用,应当责令立即退还给接受审查、验收的单位。需要说明的是,构成这些违法行为必须具备一个前提条件,即负有安全生产监督管理职责的部门的工作人员必须是在实施监督管理的过程

第六章 法律责任

中实施上述行为。如果离开这个前提条件,不能构成这些违法行为。

这里讲的"情节严重",包括在审查、验收中多次要求接受审查、验收的单位购买其指定品牌或者指定的生产、销售单位的安全设备、器材或者其他产品的;在审查、验收中多次收取费用,且数额较大,社会影响较大等。这里所说的"直接负责的主管人员",是指在单位违法行为中负有直接领导责任的人员,包括违法行为的决策人,事后对单位违法行为予以认可和支持的领导人员,以及由于疏于管理或放任,因而对单位违法行为负有不可推卸责任的领导人员。这里所说的"其他直接责任人员",是指直接实施单位违法行为的人员。本次修订将"行政处分"修改为"处分"是为明确责任认定,扩大处罚范围。责任认定除行政处分外还包括其他责任划分。

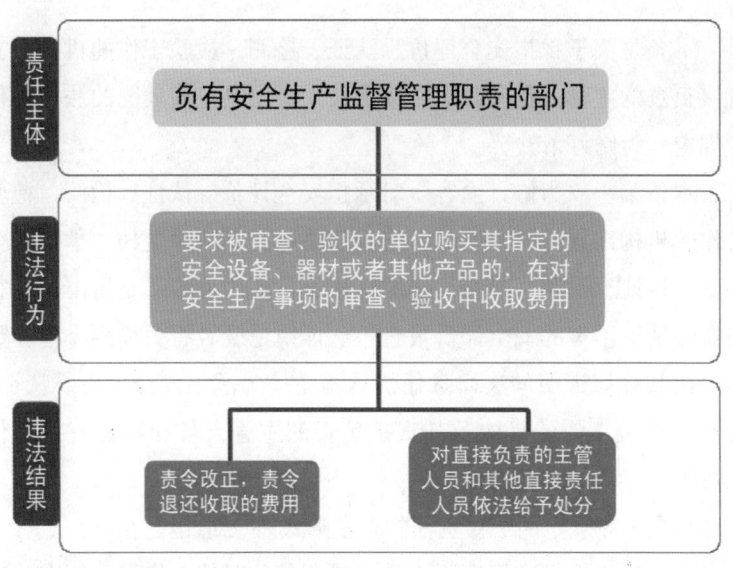

第八十九条 承担安全评价、认证、检测、检验工作的机构，出具虚假证明的，没收违法所得；违法所得在十万元以上的，并处违法所得二倍以上五倍以下的罚款；没有违法所得或者违法所得不足十万元的，单处或者并处十万元以上二十万元以下的罚款；对其直接负责的主管人员和其他直接责任人员处二万元以上五万元以下的罚款；给他人造成损害的，与生产经营单位承担连带赔偿责任；构成犯罪的，依照刑法有关规定追究刑事责任。

对有前款违法行为的机构，吊销其相应资质。

【条文释义】

本条是关于承担安全评价、认证、检测、检验工作的机构及其直接负责的主管人员和其他直接责任人员出具虚假证明的法律责任的规定，为修订条款。

本条第一款为修订内容。对承担安全评价、认证、检测、检验工作的机构出具虚假证明的，应当依法追究其法律责任。承担安全评价、认证、检测、检验工作的机构出具虚假证明，是指出具内容与实际情况不符的安全评价报告、认证结论或者有关检测、检验数据。出具虚假证明的法律责任的承担主体为承担安全评价、认证、检测、检验工作的机构及其直接负责的主管人员和其他直接责任人员。

承担本条规定的法律责任的责任形式有三种：

（1）构成提供虚假证明文件罪或者其他罪的，依照刑法有关规定追究刑事责任。

第六章 法律责任

（2）行政处罚。对尚不够刑事处罚的，处以罚款。没收违法所得，违法所得在十万元以上的，并处违法所得二倍以上五倍以下的罚款，没有违法所得或者违法所得不足十万元的，单处或者并处十万元以上二十万元以下的罚款，对其直接负责的主管人员和其他直接责任人员处二万元以上五万元以下的罚款。本次修订提高了处罚金额。

（3）民事责任。即给他人造成损害的，与生产经营单位承担连带赔偿责任。

本条第二款为修订条款。对于有以上违法行为的机构，还应当吊销其相应资质，不得再继续从事有关的安全评价、认证、检测、检验活动。其中,将"撤销其相应资格"修改为"吊销其相应资质"。

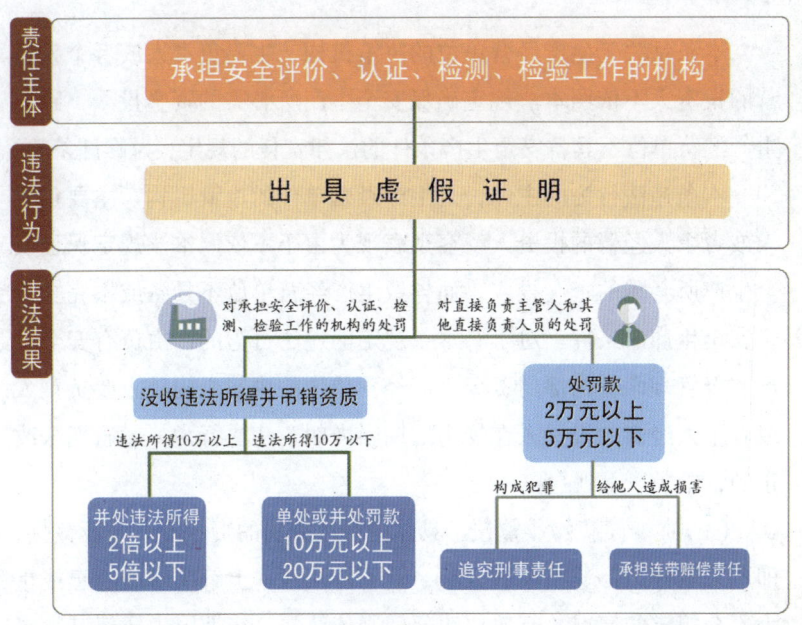

第二部分 新修订《安全生产法》条文解读

第九十条 生产经营单位的决策机构、主要负责人或者个人经营的投资人不依照本法规定保证安全生产所必需的资金投入,致使生产经营单位不具备安全生产条件的,责令限期改正,提供必需的资金;逾期未改正的,责令生产经营单位停产停业整顿。

有前款违法行为,导致发生生产安全事故的,对生产经营单位的主要负责人给予撤职处分,对个人经营的投资人处二万元以上二十万元以下的罚款;构成犯罪的,依照刑法有关规定追究刑事责任。

【条文释义】

本条是关于生产经营单位的决策机构、主要负责人或者个人经营的投资人不依照本法规定确保安全生产所必需的资金投入,致使生产经营单位不具备安全生产条件的法律责任的规定,为修订条款。

本条违法行为的主体,是生产经营单位的决策机构、主要负责人或者个人经营的投资人。客观表现为由于不依照本法规定保证安全生产所必需的资金投入,而导致生产经营单位不具备或不完全符合安全生产的条件。对于有本条规定的违法行为的,由负有安全生产监督管理职责的部门责令生产经营单位的决策机构、主要负责人或者个人经营的投资人在规定的期限内纠正违法行为,对逾期未改正的,给予以下处罚:

(1)责令停产停业整顿。具体指行政处罚的责令停产停业整顿,即不采取停产停业整改的方法,就不能从根本上解决事故隐患或重大不合规定的情况。行政执法部门则依法在一定期限内暂停其从事

第六章 法律责任

有关生产经营活动的权利。

（2）导致发生生产安全事故，无论是否达到刑事处罚的，对生产经营单位的主要负责人给予撤职处分，对个人经营的投资人处二万元以上二十万元以下的罚款。

（3）导致发生生产安全事故且构成犯罪的，依照有关规定追究刑事责任。这里所指的犯罪，主要指刑法规定的重大劳动安全事故罪。

其中，将"负责人、个人"修改为"负责人或者个人"。

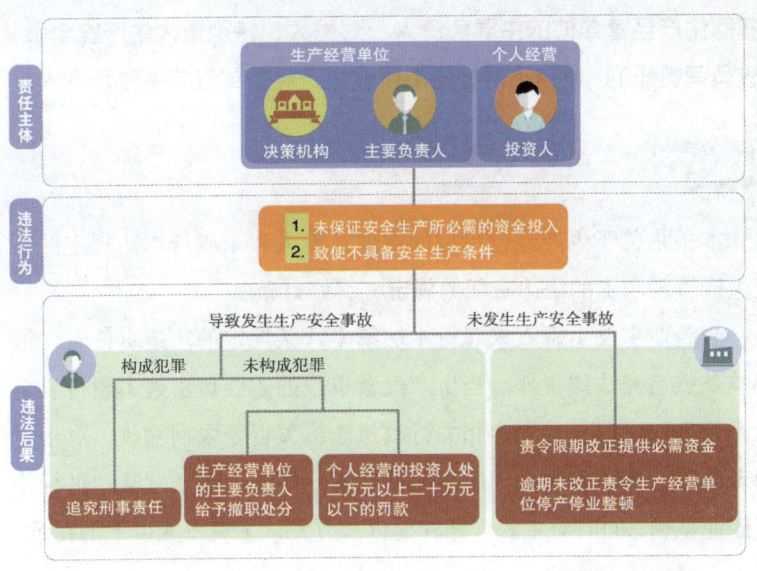

第九十一条 生产经营单位的主要负责人未履行本法规定的安全生产管理职责的,责令限期改正;逾期未改正的,处二万元以上五万元以下的罚款,责令生产经营单位停产停业整顿。

生产经营单位的主要负责人有前款违法行为,导致发生生产安全事故的,给予撤职处分;构成犯罪的,依照刑法有关规定追究刑事责任。

生产经营单位的主要负责人依照前款规定受刑事处罚或者撤职处分的,自刑罚执行完毕或者受处分之日起,五年内不得担任任何生产经营单位的主要负责人;对重大、特别重大生产安全事故负有责任的,终身不得担任本行业生产经营单位的主要负责人。

【条文释义】

本条是关于生产经营单位的主要负责人和未履行本法规定的安全生产管理职责的法律责任的规定,为修订条款。

当企业主要负责人未履行本法第十八条规定的法定责任时,依照本条款追究法律责任。当生产经营单位的主要负责人不履行安全生产管理职责时,首先由相关行政执法机关责令限期整改,对于逾期未改正的为了确保员工的生命安全责令停止生产经营活动进行停产停业整顿,同时对主要责任人处以二万元以上五万元以下的罚款。其中,罚款为新增的。

当生产经营单位的主要负责人不履行安全生产管理职责且导致生产安全事故的,但尚不够刑事处罚的,对生产经营单位主要负责人给予撤职处分,同时依照有关生产安全事故调查处理的法律、行

第六章 法律责任

政法规的规定处以罚款、暂停或者撤销其与安全生产有关的任职资格。这里对生产经营单位的主要负责人的罚款本法第九十二条有明确规定。对导致发生生产安全事故，且构成犯罪的依照刑法有关规定追究刑事责任。

生产经营单位主要负责人收到上述处罚的，自刑罚执行完毕或者受处分之日起，五年内不得担任任何生产经营单位的主要负责人；对重大、特别重大生产安全事故负有责任的，终身不得担任本行业生产经营单位的主要负责人。本次修订增加了"对重大、特别重大生产安全事故负有责任的，终身不得担任本行业生产经营单位的主要负责人"的规定，这预示着国家通过增大对生产经营单位主要负责人不依法履职的处罚力度来提高整体安全水平。

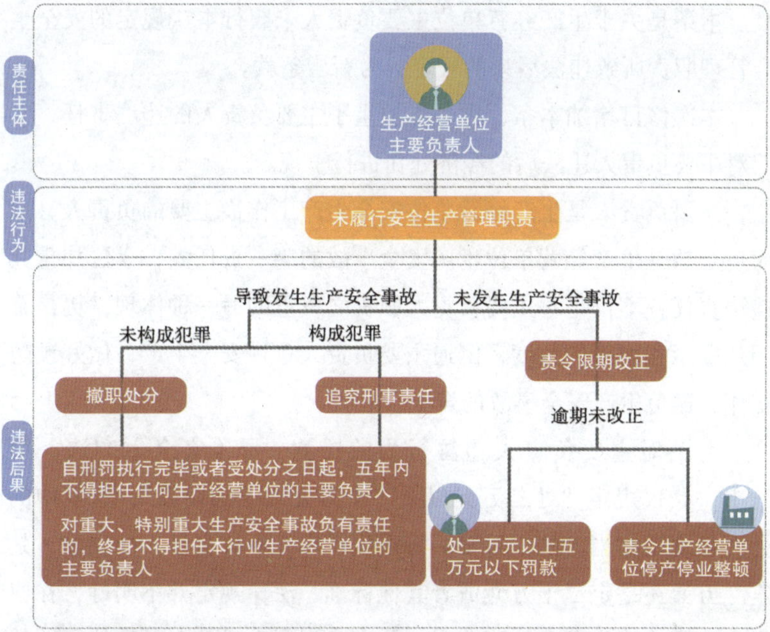

```
责任主体：生产经营单位主要负责人

违法行为：未履行安全生产管理职责

违法后果：
├─ 导致发生生产安全事故
│   ├─ 未构成犯罪 → 撤职处分
│   │   ├─ 自刑罚执行完毕或者受处分之日起，五年内不得担任任何生产经营单位的主要负责人
│   │   └─ 对重大、特别重大生产安全事故负有责任的，终身不得担任本行业生产经营单位的主要负责人
│   └─ 构成犯罪 → 追究刑事责任
└─ 未发生生产安全事故 → 责令限期改正
    └─ 逾期未改正
        ├─ 处二万元以上五万元以下罚款
        └─ 责令生产经营单位停产停业整顿
```

第二部分 新修订《安全生产法》条文解读

第九十二条 生产经营单位的主要负责人未履行本法规定的安全生产管理职责,导致发生生产安全事故的,由安全生产监督管理部门依照下列规定处以罚款:

(一)发生一般事故的,处上一年年收入百分之三十的罚款;

(二)发生较大事故的,处上一年年收入百分之四十的罚款;

(三)发生重大事故的,处上一年年收入百分之六十的罚款;

(四)发生特别重大事故的,处上一年年收入百分之八十的罚款。

【条文释义】

本条是关于生产经营单位主要负责人未履行本法规定的安全生产管理职责所致违法后果的规定,为新增条款。

本次修订增加本条,进一步加重了主要负责人的违法责任,专门对主要负责人违法后的经济处罚进行了规定。

主要负责人是生产经营单位安全生产工作最主要的负责人,因而也必然是生产经营单位生产安全事故的第一责任人,立法加重其违法责任,不仅是对主要负责人职责之权重的另一种体现,更是希望从警示和鞭策的角度,倒逼主要负责人重视安全生产,做好预防工作,避免生产安全事故的发生。

有关对主要负责人违法行为的罚款,原《安全生产法》第八十一条仅规定"处二万元以上二十万元以下的罚款",这其中的处罚幅度是相当大的,对某一特定生产安全事故责任人的罚款,是定二万元还是定二十万元或者其他标准,法律规定并不明确,在原有立法模式下也不可能明确。如此一来,行政机关在具体执行罚款时会存在一定的障碍,而且也容易给权力寻租留下空间,导致腐败。

修正后本法对主要负责人违法行为的罚款专条单列,同时根据涉案生产安全事故的严重程度细分出四个档次,包括一般事故、较大事故、重大事故、特别重大事故,对应的罚款标准则为涉案人员上一年度收入的30%、40%、60%、80%。

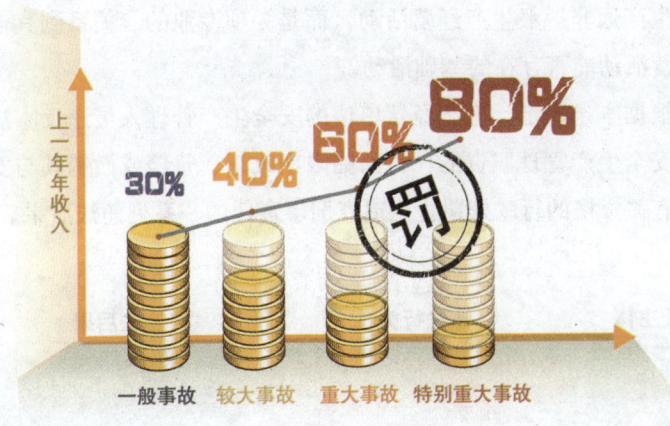

第九十三条 生产经营单位的安全生产管理人员未履行本法规定的安全生产管理职责的,责令限期改正;导致发生生产安全事故的,暂停或者撤销其与安全生产有关的资格;构成犯罪的,依照刑法有关规定追究刑事责任。

【条文释义】

本条是关于生产经营单位安全生产管理人员未履行本法规定的

安全生产管理职责所致违法后果的规定,为新增条款。

修订后本法将安全生产管理人员的法律责任以专门法条单列,凸显出立法者在修法时对安全生产管理人员职责的重视。本次修法先是在主要负责人之后增设安全生产管理人员的违法责任,尔后又将原附设于主要负责人违法责任之后的安全生产管理人员违法责任另设法条单列,反映出立法者对安全生产认识的一个重要变化,即安全生产远非一般生产经营活动,而是一项专业的、关系到其他生产经营活动能否存在的基础活动。

根据本条规定,生产经营单位的安全生产管理人员违反本法有关其安全生产管理职责的,将面临限期改正、暂停或撤销其与安全生产有关资格的行政处罚直至追究刑事责任的一系列违法后果。

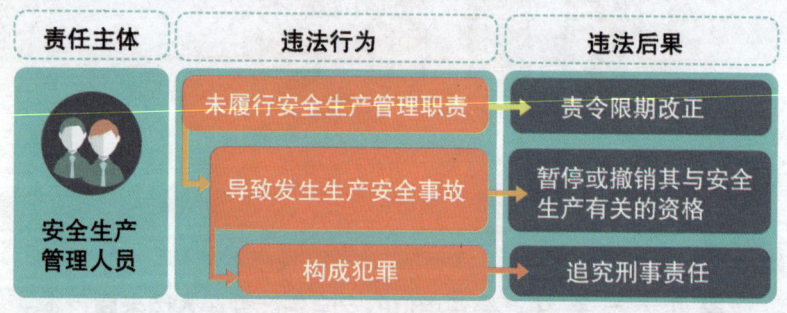

第九十四条 生产经营单位有下列行为之一的,责令限期改正,可以处五万元以下的罚款;逾期未改正的,责令停产停业整顿,并处五万元以上十万元以下的罚款,对其直接负责的主管人员和其他直接责任人员处一万元以上二万元以下的罚款:

（一）未按照规定设置安全生产管理机构或者配备安全生产管理人员的；

（二）危险物品的生产、经营、储存单位以及矿山、金属冶炼、建筑施工、道路运输单位的主要负责人和安全生产管理人员未按照规定经考核合格的；

（三）未按照规定对从业人员、被派遣劳动者、实习学生进行安全生产教育和培训，或者未按照规定如实告知有关的安全生产事项的；

（四）未如实记录安全生产教育和培训情况的；

（五）未将事故隐患排查治理情况如实记录或者未向从业人员通报的；

（六）未按照规定制定生产安全事故应急救援预案或者未定期组织演练的；

（七）特种作业人员未按照规定经专门的安全作业培训并取得相应资格，上岗作业的。

【条文释义】

本条是对企业未履行安全生产基础管理有关职责的法律责任的规定，为修订条款。

修改后对发现未履行相关安全生产管理义务的，可以立即依法处罚，增加了处罚的灵活性；增加了对违法行为直接负责的主管人员和责任人员的处罚条款，扩大了法律责任的约束对象和范围；增加了须承担相应法律责任的基础安全管理的内容，强化了生产经营单位基础安全管理的法律责任。

（1）本条第一项规定了生产经营单位安全生产管理机构设置、安全管理人员配备的有关要求，应符合本法第二十一条的规定。

（2）本条第二项专门针对危险物品的生产、经营、储存单位以及矿山、金属冶炼、建筑施工、道路运输单位的主要负责人和安全生产管理人员的考核问题作了相应明确，应符合本法第二十四条。

（3）本条第三项强调了对从业人员的安全生产教育培训与告知义务，并突出规定了对被派遣劳动者和实习学生的保护，应符合本法第二十五条。

责任主体：生产经营单位

违法行为：
1. 未按照规定设置安全生产管理机构或者配备安全生产管理人员的
2. 危险物品的生产、经营、储存单位以及矿山、金属冶炼、建筑施工、道路运输单位的主要负责人和安全生产管理人员未按照规定经考核合格的
3. 未按照规定对从业人员、被派遣劳动者、实习学生进行安全生产教育和培训，或者未按照规定如实告知有关安全生产事项的
4. 未如实记录安全生产教育和培训情况的
5. 未将事故隐患排查治理情况如实记录或者未向从业人员通报的
6. 未按照规定制定生产安全事故应急救援预案或者未定期组织演练的
7. 特种作业人员未按照规定经专门的安全作业培训并取得相应资格，上岗作业的

违法后果：
限期改正，处五万元以下的罚款

逾期未改正：
- 对其直接负责的主管人员和其他直接责任人员处一万元以上二万元以下的罚款
- 责令生产经营单位停产停业整顿，并处五万元以上十万元以下的罚款

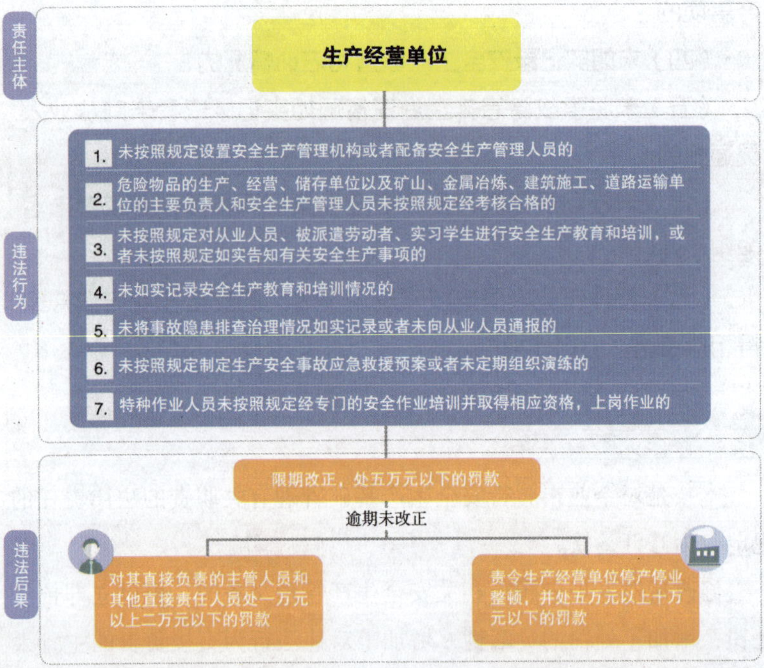

（4）生产经营单位应建立安全生产教育和培训档案，如实记录安全生产教育和培训的时间、内容、参加人员以及考核结果等情况，应符合本法第二十五条。

（5）生产经营单位有如实记录和向从业人员告知安全生产事故隐患排查情况的义务，应符合本法第三十八条。

（6）应急救援方案的制定与预演是检验生产经营单位安全生产管理工作成效的综合的试金石，生产经营单位制定生产安全事故应急救援预案并定期组织演练的义务，并应符合本法第七十九条。

（7）生产经营单位的特种作业人员必须按照国家有关规定经专门的安全作业培训，取得相应资格后方可上岗作业，应符合本法第二十七条。

第九十五条 生产经营单位有下列行为之一的，责令停止建设或者停产停业整顿，限期改正；逾期未改正的，处五十万元以上一百万元以下的罚款，对其直接负责的主管人员和其他直接责任人员处二万元以上五万元以下的罚款；构成犯罪的，依照刑法有关规定追究刑事责任：

（一）未按照规定对矿山、金属冶炼建设项目或者用于生产、储存、装卸危险物品的建设项目进行安全评价的；

（二）矿山、金属冶炼建设项目或者用于生产、储存、装卸危险物品的建设项目没有安全设施设计或者安全设施设计未按照规定报经有关部门审查同意的；

（三）矿山、金属冶炼建设项目或者用于生产、储存、装卸危险物品的建设项目的施工单位未按照批准的安全设施设计施工的；

（四）矿山、金属冶炼建设项目或者用于生产、储存、装卸危险物品的建设项目竣工投入生产或者使用前，安全设施未经验收合格的。

第二部分 新修订《安全生产法》条文解读

【条文释义】

本条是关于违反有关矿山、金属冶炼或者用于生产、储存、装卸危险物品的建设项目的法律责任的规定,为修订条款。

本次修改加强了处罚力度,扩大了处罚范围:

(1)发现问题后立即"停止建设或者停产停业整顿",而不是先限期改正,也就是加大了打击非法建设的力度。任何不符合程序的非法建设和不符验收要求的建设项目都要立即停止,实施零容忍。逾期未改正的处罚从五万元以下提到五十万元以上一百万元以下;

(2)增加了对"直接负责的主管人员和其他直接责任人员"的处罚,不但明确了生产经营单位的责任,也明确了相关责任人的责任,使"落实责任主体"得到了具体体现。

按照本法规定,矿山、金属冶炼建设项目或者用于生产、储存、装卸危险物品的建设项目首先要进行安全评价,然后其安全设施设计应当按照国家有关规定报经有关部门审查;施工单位必须按照批准的安全设施设计施工,以保证安全设施的工程质量。在建设项目竣工投入生产或者使用前,必须依照有关法律、行政法规的规定对安全设施进行验收;验收合格后,方可投入生产和使用。这些都是保证安全生产的前期预防措施。如果生产经营单位违反了以上规定,就必须依照本条规定承担相应的法律责任。

本条将"造成严重后果"删除,扩大了法律责任的约束对象和范围。对于构成犯罪的,依照有关规定追究刑事责任。这里讲的构成犯罪,主要是指刑法规定的重大劳动安全事故犯罪。构成本条的犯罪,须具备以下条件:一是劳动安全设施不符合国家规定;二是经有关部门或者职工提出后,对事故隐患仍不采取措施。三是造成

第六章 法律责任

严重后果。对于构成犯罪的，依照刑法有关规定追究刑事责任。

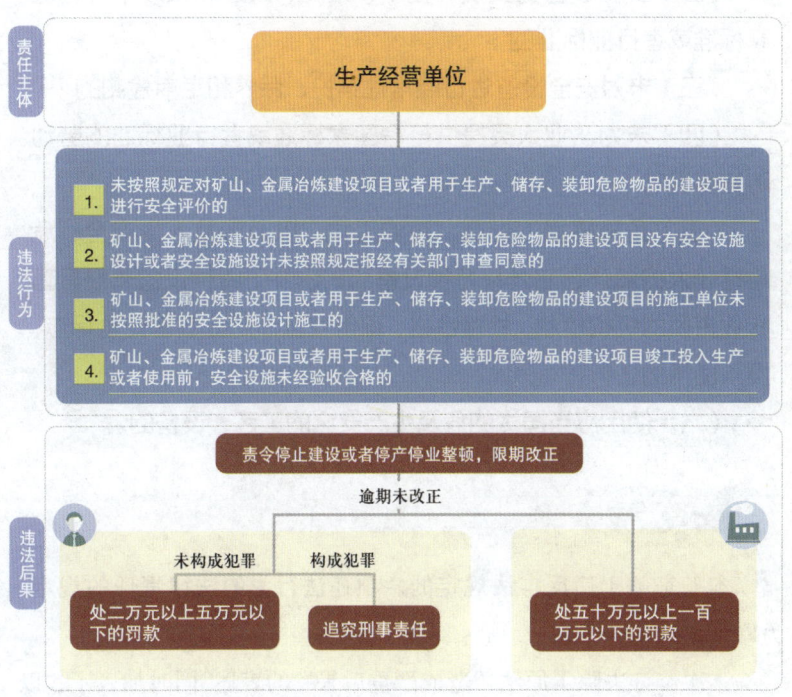

第九十六条 生产经营单位有下列行为之一的，责令限期改正，可以处五万元以下的罚款；逾期未改正的，处五万元以上二十万元以下的罚款，对其直接负责的主管人员和其他直接责任人员处一万元以上二万元以下的罚款；情节严重的，责令停产停业整顿；构成犯罪的，依照刑法有关规定追究刑事责任：

（一）未在有较大危险因素的生产经营场所和有关设施、设

备上设置明显的安全警示标志的;

（二）安全设备的安装、使用、检测、改造和报废不符合国家标准或者行业标准的;

（三）未对安全设备进行经常性维护、保养和定期检测的;

（四）未为从业人员提供符合国家标准或者行业标准的劳动防护用品的;

（五）危险物品的容器、运输工具,以及涉及人身安全、危险性较大的海洋石油开采特种设备和矿山井下特种设备未经具有专业资质的机构检测、检验合格,取得安全使用证或者安全标志,投入使用的;

（六）使用应当淘汰的危及生产安全的工艺、设备的。

【条文释义】

本条是关于违反本法规定的六项违法行为的法律责任的规定,为修订条款。

本次修订去除了原法"造成严重后果"的表述,同时加入了"以及涉及人身安全、危险性较大的海洋石油开采特种设备和矿山井下特种设备"的表述;明确了"具有专业资质的机构"。

本条与本法第三十二条、第三十三条、三十四条、三十五条及四十二条等条款相呼应,对违反上述条款规定的追究其法律责任。

按照本条规定,对于生产经营单位有本条所列六项违法行为之一的,将由有关行政执法机关责令有违法行为的生产经营单位在规定的期限内进行整,同时可以根据违法的严重程度,给予五万元以下的罚款。比如,对于存在较大危险性的设备上没有设置明显警示标志的生产经营单位,政府安全生产监督管理部门将责令其限期整

第六章 法律责任

改要在规定的期限内整改，同时可以并处五万元以下罚款。在规定的期限内没有纠正违法行为的，不但对生产经营单位处五万元以上二十万元以下的罚款，还将对其直接负责的主管人员和其他直接责任人员处一万元以上二万元以下的罚款，同时仍需在规定期限内落实整改。对于存在故意抵触、推塞或拒不整改等严重情节的生产经营单位，政府安全生产监督管理部门可以责令其停产停业整顿。

构成犯罪的，依照刑法有关规定追究刑事责任。这里讲的构成犯罪，主要是指构成刑法规定的重大劳动安全事故犯罪。构成本条的犯罪，须具备以下条件：一是明显违反国家管理规定；二是经有关部门或者职工提出后，对事故隐患仍不采取措施；三是造成严重后果。

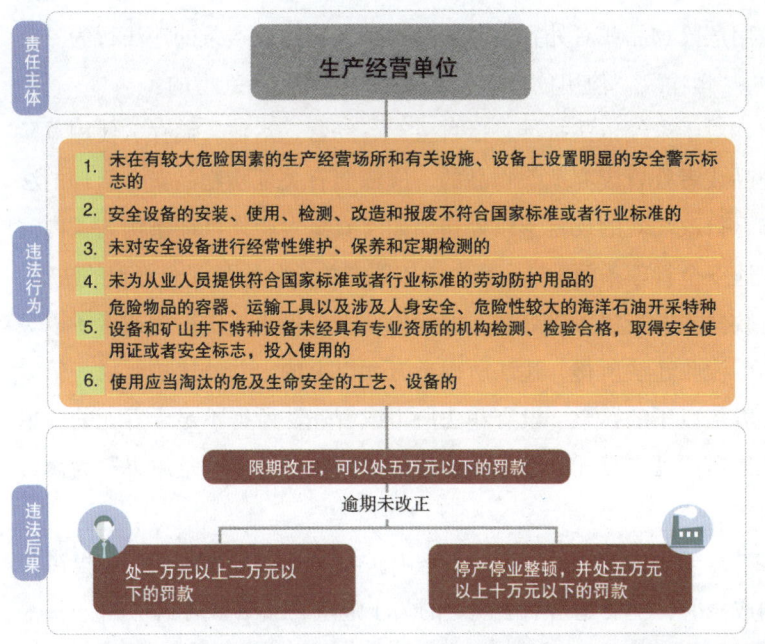

第九十七条 未经依法批准，擅自生产、经营、运输、储存、使用危险物品或者处置废弃危险物品的，依照有关危险物品安全管理的法律、行政法规的规定予以处罚；构成犯罪的，依照刑法有关规定追究刑事责任。

【条文释义】

本条是关于未经依法批准擅自生产、经营、运输、储存、使用危险物品或者处置废弃危险物品的法律责任的规定，为修订条款。

生产、经营、运输、储存、使用危险物品或者处置废弃危险物品的如果没有经过有关主管部门的审批而生产、经营、运输、储存、使用危险物品或者处置废弃危险物品，就构成本条的违法行为。其中，"运输"、"使用危险物品或者处置废弃"为新增的。

对于未经依法批准，擅自生产、经营、运输、储存、使用危险物品或者处置废弃危险物品的，应依照有关危险物品安全管理的法律、行政法规的规定予以处罚，如《安全生产许可证条例》、《内河交通安全管理条例》等。其中，"依照有关危险物品安全管理的法律、行政法规的规定予以处罚"取代原"责令停止违法行为或者予以关闭，没收违法所得，违法所得十万元以上的，并处违法所得一倍以上五倍以下的罚款，没有违法所得或者违法所得不足十万元的，单处或者并处二万元以上十万元以下的罚款；造成严重后果"为修订内容。

对于构成犯罪的，依照刑法有关规定追究刑事责任。这里讲的构成犯罪，主要是指刑法规定的关于危险物品肇事的犯罪。

第六章 法律责任

第九十八条 生产经营单位有下列行为之一的，责令限期改正，可以处十万元以下的罚款；逾期未改正的，责令停产停业整顿，并处十万元以上二十万元以下的罚款，对其直接负责的主管人员和其他直接责任人员处二万元以上五万元以下的罚款；构成犯罪的，依照刑法有关规定追究刑事责任：

（一）生产、经营、运输、储存、使用危险物品或者处置废弃危险物品，未建立专门安全管理制度、未采取可靠的安全措施的；

（二）对重大危险源未登记建档，或者未进行评估、监控，或者未制定应急预案的；

（三）进行爆破、吊装以及国务院安全生产监督管理部门会同国务院有关部门规定的其他危险作业，未安排专门人员进行现场安全管理的；

（四）未建立事故隐患排查治理制度的。

【条文释义】

本条是关于生产经营单位违反有关危险物品管理的规定、未对重大危险源进行监控以及进行危险作业未安排专门人员进行现场安全管理、未建立事故隐患排查治理制度的法律责任的规定，为修订条款。

当生产经营单位未依法履行本法规定第三十六条、三十七条、三十八条、四十条等规定的对生产经营单位在危险物品的管理、未对重大危险源进行监控以及进行危险作业时规定的应当采取的安全保障措施的，应当承担相应法律责任。

按照本条规定，对于违反本法有关危险物品管理以及进行危险作业应注意的事项的，由有关行政执法机关责令有违法行为的生产经营单位在规定的期限内纠正违法行为，应当受到以下处罚：

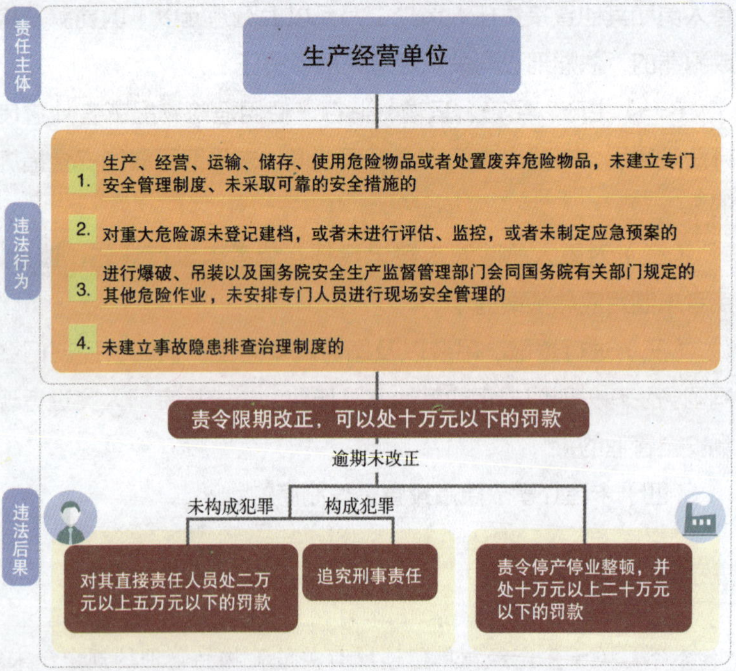

责任主体： 生产经营单位

违法行为：
1. 生产、经营、运输、储存、使用危险物品或者处置废弃危险物品，未建立专门安全管理制度、未采取可靠的安全措施的
2. 对重大危险源未登记建档，或者未进行评估、监控，或者未制定应急预案的
3. 进行爆破、吊装以及国务院安全生产监督管理部门会同国务院有关部门规定的其他危险作业，未安排专门人员进行现场安全管理的
4. 未建立事故隐患排查治理制度的

违法后果： 责令限期改正，可以处十万元以下的罚款

逾期未改正：
- 未构成犯罪：对其直接责任人员处二万元以上五万元以下的罚款
- 构成犯罪：追究刑事责任
- 责令停产停业整顿，并处十万元以上二十万元以下的罚款

（1）行政责任，即责令限期改正，可以处十万元以下的罚款；逾期未改正的，责令停产停业整顿，可以处十万元以上二十万元以下的罚款；对其直接负责的主管人员和其他直接责任人员处二万元以上五万元以下的罚款。其中，将"责令限期改正；逾期未改正的，责令停产停业整顿，可以并处二万元以上十万元以下的罚款"修改为"责令限期改正，可以处十万元以下的罚款；逾期未改正的，责

第六章 法律责任

令停产停业整顿,并处十万元以上二十万元以下的罚款,对其直接负责的主管人员和其他直接责任人员处二万元以上五万元以下的罚款";

(2)有本条规定的违法行为,构成犯罪的,依照刑法有关规定追究刑事责任。

> **第九十九条** 生产经营单位未采取措施消除事故隐患的,责令立即消除或者限期消除;生产经营单位拒不执行的,责令停产停业整顿,并处十万元以上五十万元以下的罚款,对其直接负责的主管人员和其他直接责任人员处二万元以上五万元以下的罚款。

【条文释义】

本条是关于生产经营单位未采取措施消除事故隐患的法律责任的规定,为新增条款。

新增本条旨在从隐患监管角度加强生产安全。根据本条规定,生产经营单位未采取措施消除事故隐患的,有关安全生产主管部门应责令其立即消除或者限期消除,若拒不执行,应责令停产停业整顿,对单位及其直接负责的主管人员和其他直接责任人员处以罚款。安全生产强调预防,所谓"隐患大于事故",这既是安全生产管理工作的基本特点的决定,也是安全生产管理的经济学角度的必然要求。

徒法不足以自行,没有法律责任的规定等于没有规定。第九十九条规定,以明确的法律后果呼应了本法第二十二条、第三十八条、第五十六条等规定,将隐患管理从制度制定、落实到具

第二部分 新修订《安全生产法》条文解读

体的权利义务主体上来。需要注意的是，本条法律责任系新增规定，并且，隐患排查违法责任不再拘限于一般性的对生产经营单位警告和小额罚款，而是可以停产停业，并将罚款责任透过生产经营单位直达相关主管人员和责任人员，处罚不可谓不重！

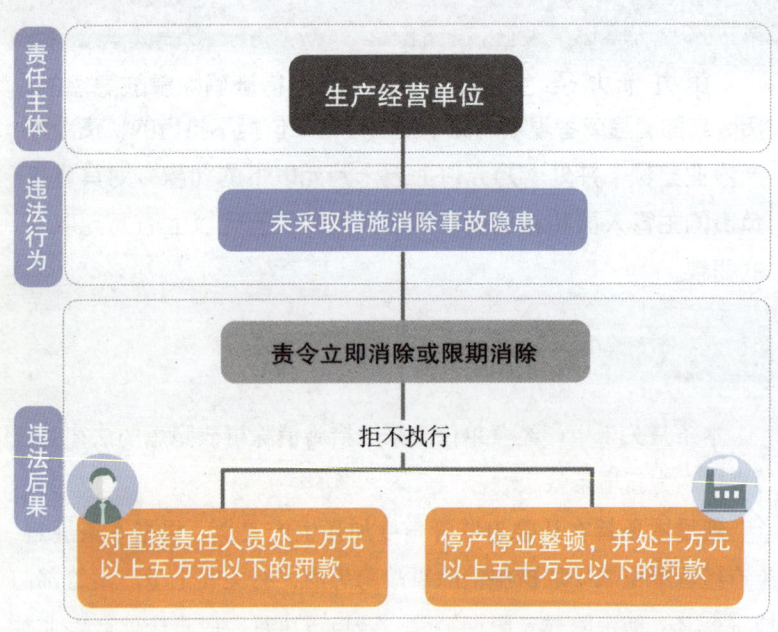

第一百条 生产经营单位将生产经营项目、场所、设备发包或者出租给不具备安全生产条件或者相应资质的单位或者个人的，责令限期改正，没收违法所得；违法所得十万元以上的，并处违法所得二倍以上五倍以下的罚款；没有违法所得或者违法所得不足十万元的，单处或者并处十万元以上二十万元以下的罚款；

第六章 法律责任

对其直接负责的主管人员和其他直接责任人员处一万元以上二万元以下的罚款；导致发生生产安全事故给他人造成损害的，与承包方、承租方承担连带赔偿责任。

生产经营单位未与承包单位、承租单位签订专门的安全生产管理协议或者未在承包合同、租赁合同中明确各自的安全生产管理职责，或者未对承包单位、承租单位的安全生产统一协调、管理的，责令限期改正，可以处五万元以下的罚款，对其直接负责的主管人员和其他直接责任人员可以处一万元以下的罚款；逾期未改正的，责令停产停业整顿。

【条文释义】

本条是关于生产经营单位将生产经营项目、场所、设备发包或者出租给不具备安全生产条件的单位或者个人以及未与承包单位、承租单位签订安全生产管理协议等违法行为的法律责任的规定，为修订条款。

本条第一款为修订条款。对生产经营单位将生产经营项目、场所、设备发包或者出租给不具备安全生产条件或者相应资质的单位或者个人的，由有关行政执法机关责令限期改正，即由有关行政机关责令有违法行为的生产经营单位在规定的期限内，解除与不具备安全生产条件或者相应资质的单位或者个人的承发包或租赁关系。同时，对没有违法所得的，给予罚款；有违法所得的，没收其违法所得，并根据违法所得的金额，给予相应倍数的罚款。其中，提高了罚款金额；增加"对其直接负责的主管人员和其他直接责任人员处一万元以上二万元以下的罚款"。此外，导致发生生产安全事故给他人造成损害的，与承包方、承租方承担连带赔偿责任。

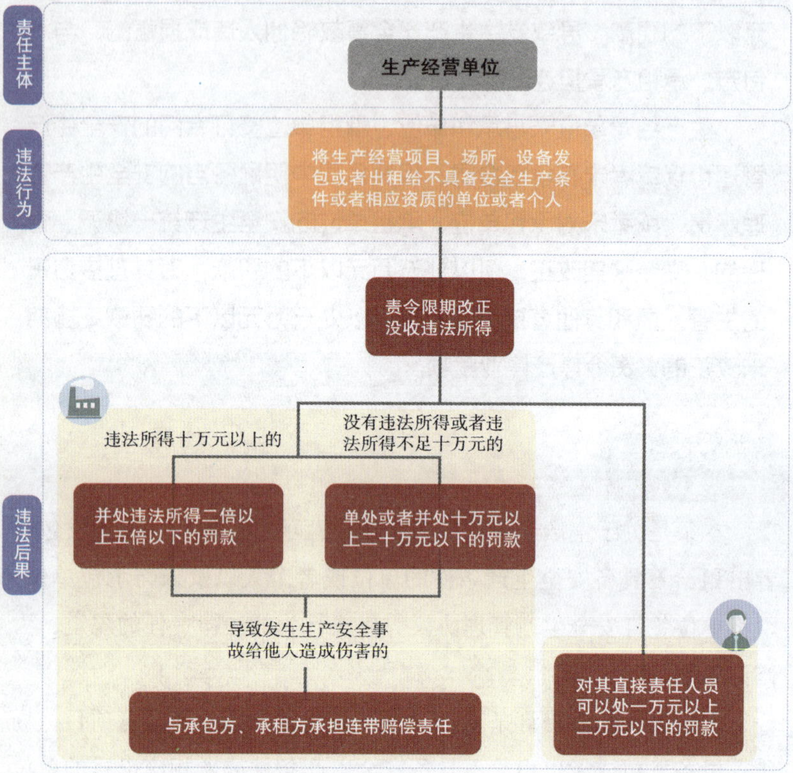

第二部分 新修订《安全生产法》条文解读

```
                    ┌──────────────┐
   责任主体           │  生产经营单位  │
                    └──────┬───────┘
                           │
                    ┌──────┴───────────────────┐
   违法行为          │将生产经营项目、场所、设备发 │
                    │包或者出租给不具备安全生产条 │
                    │件或者相应资质的单位或者个人 │
                    └──────┬───────────────────┘
                           │
                    ┌──────┴───────┐
                    │ 责令限期改正   │
                    │ 没收违法所得   │
                    └──────┬───────┘
```

违法后果：
- 违法所得十万元以上的 → 并处违法所得二倍以上五倍以下的罚款
- 没有违法所得或者违法所得不足十万元的 → 单处或者并处十万元以上二十万元以下的罚款
- 导致发生生产安全事故给他人造成伤害的 → 与承包方、承租方承担连带赔偿责任
- 对其直接责任人员可以处一万元以上二万元以下的罚款

本条第二款为修订内容。生产经营单位未与承包单位、承租单位签订专门的安全生产管理协议或者未在承包合同、租赁合同中明确各自的安全生产管理职责，或者未对承包单位、承租单位的安全生产统一协调、管理的，由有关行政执法机关责令限期改正，即责令有违法行为的生产经营单位在一定期限内纠正违法行为，根据实际情况可以并处五万元以下的罚款，对其直接负责的主管人员和其

第六章 法律责任

他直接责任人员可以处一万元以下的罚款。如果生产经营单位在规定的期限内不纠正违法行为，则由有关行政执法机关责令其在一定时间内停止生产经营活动，进行整顿。其中，"可以处五万元以下的罚款，对其直接负责的主管人员和其他直接责任人员可以处一万元以下的罚款"为新增的。

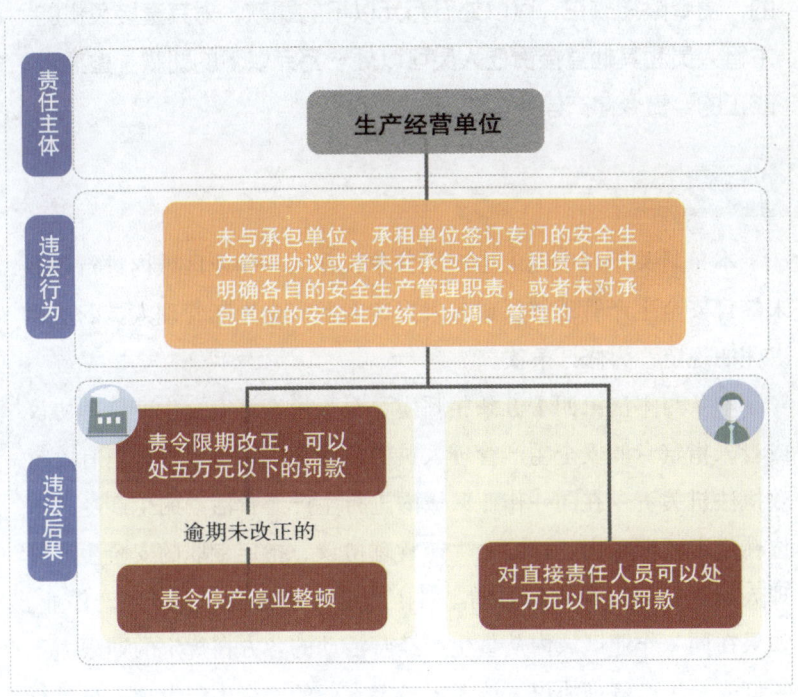

第二部分 新修订《安全生产法》条文解读

第一百零一条 两个以上生产经营单位在同一作业区域内进行可能危及对方安全生产的生产经营活动,未签订安全生产管理协议或者未指定专职安全生产管理人员进行安全检查与协调的,责令限期改正,可以处五万元以下的罚款,对其直接负责的主管人员和其他直接责任人员可以处一万元以下的罚款;逾期未改正的,责令停产停业。

【条文释义】

本条是关于两个以上生产经营单位在同一作业区域内进行作业未签订安全生产管理协议或者未指定专职安全生产管理人员的法律责任的规定,为修订条款。

本条与本法第四十五条相呼应,对于未签订安全生产管理协议或者未指定专职安全生产管理人员的,责令限期改正,即由有关行政执法机关责令在同一作业区域内进行生产经营活动的生产经营单位在规定的期限内签订安全生产管理协议,指定专职的安全生产管理人员进行安全检查与协调。对于逾期未改正的,责令停产停业。如果在同一作业区域内从事生产经营活动的各方在规定的期限内不签订安全生产管理协议,或者不指定专职的安全生产管理人员进行安全检查与协调,则由有关行政执法机关责令这些生产经营单位停止生产经营活动。直到签订安全生产管理协议、指定专职安全生产管理人员后,才能重新开始生产经营活动。

对于违反本法规定的行为,应受到相应的处罚。本次修订增加了"可以处五万元以下的罚款,对其直接负责的主管人员和其他直接责任人员可以处一万元以下的罚款"。

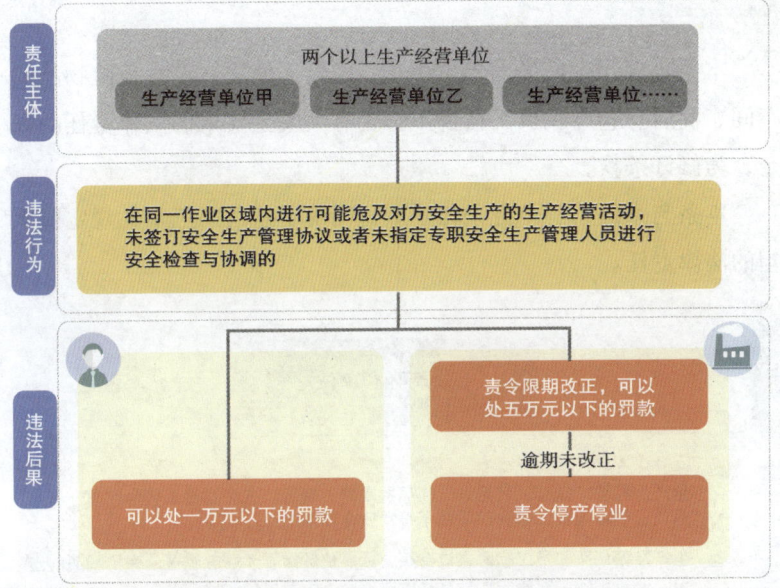

第一百零二条 生产经营单位有下列行为之一的,责令限期改正,可以处五万元以下的罚款,对其直接负责的主管人员和其他直接责任人员可以处一万元以下的罚款;逾期未改正的,责令停产停业整顿;构成犯罪的,依照刑法有关规定追究刑事责任:

(一)生产、经营、储存、使用危险物品的车间、商店、仓库与员工宿舍在同一座建筑内,或者与员工宿舍的距离不符合安全要求的;

(二)生产经营场所和员工宿舍未设有符合紧急疏散需要、标志明显、保持畅通的出口,或者锁闭、封堵生产经营场所或者员工宿舍出口的。

第二部分 新修订《安全生产法》条文解读

【条文释义】

本条是关于生产经营单位生产、经营、使用、储存危险物品的车间、商店、仓库及员工宿舍不符合有关安全要求的法律责任的规定，为修订条款。

本条与本法第三十九条相呼应，明确了违法第三十九规定应承担的法律责任。

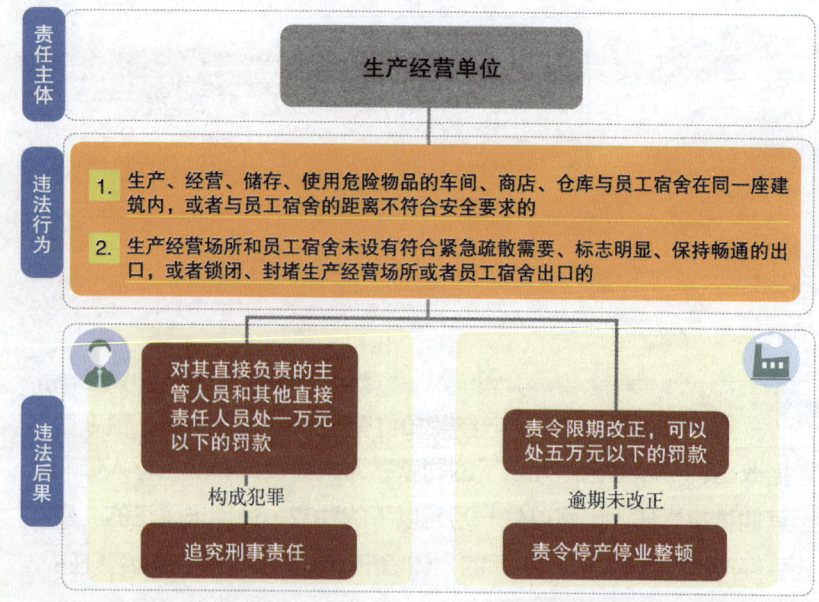

按照本条规定，违反了第三十九条规定的，应当责令限期改正，即由有关行政执法机关责令该生产经营单位在规定的期限内，将生产、经营、储存、使用危险物品的车间、商店、仓库与在同一建筑物内的员工宿舍分开，并保持一定的安全距离；使生产经营场所和员工宿舍的出口符合紧急疏散的需要，设置明显的标志；将封堵的

第六章 法律责任

出口腾空，将锁闭的出口打开等。责令限期改正的同时，可以并处五万元以下的罚款，对其直接负责的主管人员和其他直接责任人员可以处一万元以下的罚款。其中，罚款为新增内容。

对于逾期未改正的，将由有关行政执法机关责令其停止生产经营活动，进行整顿，直到生产、经营、储存、使用危险物品的车间、商店、仓库及生产经营场所与员工宿舍都符合安全要求后，才能重新开始生产经营活动。构成犯罪的，依照刑法有关规定追究刑事责任。

第一百零三条 生产经营单位与从业人员订立协议，免除或者减轻其对从业人员因生产安全事故伤亡依法应承担的责任的，该协议无效；对生产经营单位的主要负责人、个人经营的投资人处二万元以上十万元以下的罚款。

【条文释义】

本条是关于生产经营单位与从业人员订立的免除或者减轻对从业人员因生产安全事故伤亡应负的责任的协议无效及对生产经营单位的主要负责人、个人经营的投资人的处罚规定，为保留条款。

对于生产经营单位与从业人员订立免除或者减轻生产经营单位对于从业人员因生产安全事故造成人身伤亡应承担的责任的协议的，属于严重侵犯了从业人员合法权益的违法行为，除签订的有关协议无效以外，还应当承担相应的法律责任。按照本条规定，应由有关行政执法机关对生产经营单位的主要负责人、个人经营的投资人根据违法行为的情节，处二万元以上十万元以下的罚款。

第二部分 新修订《安全生产法》条文解读

第一百零四条 生产经营单位的从业人员不服从管理，违反安全生产规章制度或者操作规程的，由生产经营单位给予批评教育，依照有关规章制度给予处分；构成犯罪的，依照刑法有关规定追究刑事责任。

【条文释义】

本条是关于生产经营单位的从业人员不服从管理，违章操作应承担的法律责任的规定，为修订条款。

对于从业人员违反有关规章制度和操作规程的，应当按照以下几个方面进行处理：

第六章 法律责任

（1）由生产经营单位给予批评教育。即由生产经营单位对该从业人员违反规章制度和操作规程的行为进行批评，同时对其进行有关安全生产知识方面的教育；

（2）依照有关规章制度给予处分。这里讲的"规章制度"，包括企业依法制定的内部奖惩制度，具体给予哪种处分，可根据从业人员违反规章制度行为的情节决定；

（3）构成犯罪的，依照刑法有关规定追究刑事责任。

本次修订删去了"造成重大事故"这个限制条件，只要构成犯罪的，都要依照刑法有关规定追究刑事责任，加大了处罚力度。

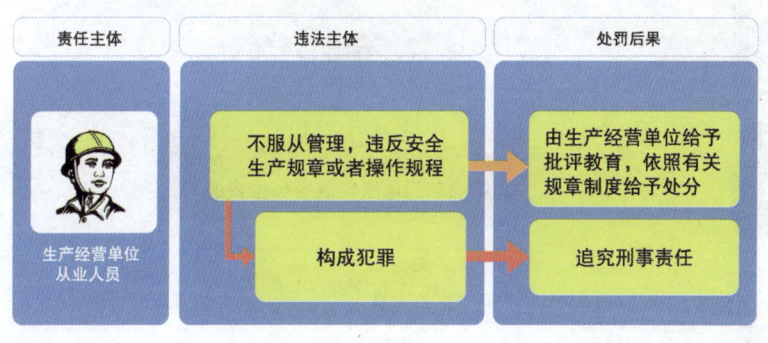

第一百零五条 违反本法规定，生产经营单位拒绝、阻碍负有安全生产监督管理职责的部门依法实施监督检查的，责令改正；拒不改正的，处二万元以上二十万元以下的罚款；对其直接负责的主管人员和其他直接责任人员处一万元以上二万元以下的罚款；构成犯罪的，依照刑法有关规定追究刑事责任。

【条文释义】

本条是关于生产经营单位拒绝、阻碍负有安全生产监督管理职责的部门依法实施监督检查的法律责任的规定,为新增条款。

《安全生产法》第四章对负有安全生产监督管理职责的部门的职权与责任进行了专门规定,安全生产的监督管理,一个重要的职责即是对生产经营单位实施监督检查,通过这种检查及时发现问题,因此,被检查的生产经营单位是否配合检查以及在多大程度上配合检查就成为检查效果也是监管职能兑现的关键因素。

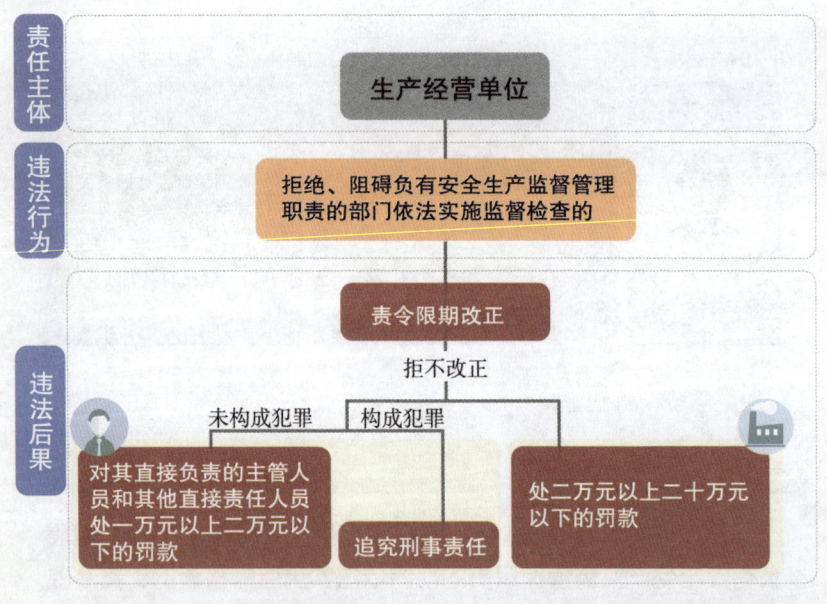

本条主要针对生产经营单位拒绝和阻碍负有安全生产监督管理职责的部门依法实施监督检查的两种违法行为。拒绝,是指生产经营单位对于主管部门的监督检查指令以直接或者间接的方式不予配

合，而阻碍则是以各种方式阻挠、妨碍监督检查，两者均以逃避主管部门的监督检查为最终目的，具有鲜明的违法特征。

所以，此次《安全生产法》的修订增加了本条，对生产经营单位拒绝、阻碍负有安全生产监督管理职责的部门依法实施监督检查的行为后果，即法律责任进行了专门而详尽的规定，包括责令改正、罚款、刑事处罚等形式。

第一百零六条 生产经营单位的主要负责人在本单位发生生产安全事故时，不立即组织抢救或者在事故调查处理期间擅离职守或者逃匿的，给予降级、撤职的处分，并由安全生产监督管理部门处上一年年收入百分之六十至百分之一百的罚款；对逃匿的处十五日以下拘留；构成犯罪的，依照刑法有关规定追究刑事责任。

生产经营单位的主要负责人对生产安全事故隐瞒不报、谎报或者迟报的，依照前款规定处罚。

【条文释义】

本条是关于生产经营单位主要负责人在发生生产安全事故时不立即组织抢救或者在事故调查处理期间擅离职守或者逃匿以及对生产安全事故隐瞒不报、谎报或者迟报应承担的法律责任的规定，为修订条款。

生产经营单位的主要负责人在本单位发生生产安全事故时，不立即组织抢救或者在事故调查处理期间擅离职守或者逃匿的，对生产安全事故隐瞒不报、谎报或者迟报的，给予降级、撤职的处分，并由安全生产监督管理部门处上一年年收入百分之六十至百分之一百的罚款。其中,"重大生产安全事故时"的"重大"删除,加大了处罚力度;在原有基于事故调查和生产经营单位主要负责人违法情节来决定具体给予降级或撤职的基础上,增加了财产处罚,处罚的主要依据与本法第九十二条的相关处罚相对应,依据情节的轻重,处罚金额为上一年年收入的一定百分比。对于发生事故后逃匿的,由公安机关依照《治安管理处罚条例》规定的程序处十五日以下拘留。构成犯罪的,依照刑法有关规定追究刑事责任。

责任主体:生产经营单位主要负责人

违法行为:在本单位发生生产安全事故时,不立即组织抢救或者在事故调查期间擅离职守或者逃匿

违法后果:
1. 给予降级、撤职的处分
2. 并由安全生产监督管理部门处上一年收入40%至80%的罚款

- 未构成犯罪但是逃匿的 → 处十五日以下拘留
- 构成犯罪 → 追究刑事责任

第六章 法律责任

第一百零七条 有关地方人民政府、负有安全生产监督管理职责的部门,对生产安全事故隐瞒不报、谎报或者迟报的,对直接负责的主管人员和其他直接责任人员依法给予处分;构成犯罪的,依照刑法有关规定追究刑事责任。

【条文释义】

本条是关于有关地方人民政府、负有安全生产监督管理职责的部门对生产安全事故隐瞒不报、谎报或者迟的法律责任的规定,为修订条款。

规定负有安全生产监督管理职责的部门和有关地方人民政府接到事故报告后对事故情况隐瞒不报、谎报或者迟报承担相应的法律责任。其中,将"拖延不报"修改为迟报。

对直接负责的主管人员和其他直接责任人员依法给予处分。这里将"对直接负责的主管人员和其他直接责任人员依法给予行政处分"的"行政"一词删掉,扩大了处罚的范围。

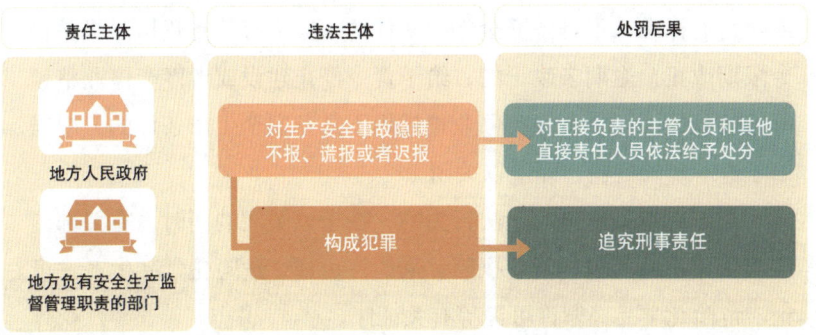

构成犯罪的,依照刑法有关规定追究刑事责任。这里讲的构成犯罪,主要是指构成刑法规定的关于国家机关工作人员滥用职权、玩忽职守的犯罪。构成本条犯罪,必须具备的条件是:一是客观上实施了滥用职权、玩忽职守的行为。二是客观上必须有由于滥用职权、玩忽职守致使公共财产、国家和人民利益遭受重大损失的严重后果,这是划分罪与非罪的重要标准。

第一百零八条 生产经营单位不具备本法和其他有关法律、行政法规和国家标准或者行业标准规定的安全生产条件,经停产停业整顿仍不具备安全生产条件的,予以关闭;有关部门应当依法吊销其有关证照。

【条文释义】

本条是关于生产经营单位不具备本法和其他有关法律、行政法规和国家标准或者行业标准规定的安全生产条件,经停产停业整顿仍不具备安全生产条件的处罚规定,为保留条款。

对于生产经营单位违反有关安全生产的法律、法规和国家标准或者行业标准,不具备安全生产条件的,应由有关行政执法机关责令限期改正;逾期未改正的,给予责令停止建设或者停产停业整顿等行政处罚。对于经停产停业整顿仍不具备安全生产条件的,应当给予进一步的处罚,即予以关闭。

对于有本条规定的违法行为的,在予以关闭的同时,有关部门应当依法吊销其包括营业执照、采矿许可证、危险化学品生产许可证、危险化学品经营许可证等有关证照。

第六章 法律责任

第一百零九条 发生生产安全事故，对负有责任的生产经营单位除要求其依法承担相应的赔偿等责任外，由安全生产监督管理部门依照下列规定处以罚款：

（一）发生一般事故的，处二十万元以上五十万元以下的罚款；

（二）发生较大事故的，处五十万元以上一百万元以下的罚款；

（三）发生重大事故的，处一百万元以上五百万元以下的罚款；

（四）发生特别重大事故的，处五百万元以上一千万元以下的罚款；情节特别严重的，处一千万元以上二千万元以下的罚款。

【条文释义】

本条是关于生产经营单位发生生产安全事故，除依法承担相应的赔偿等责任外,还要接受安全生产监督管理部门罚款的规定,为新增条款。

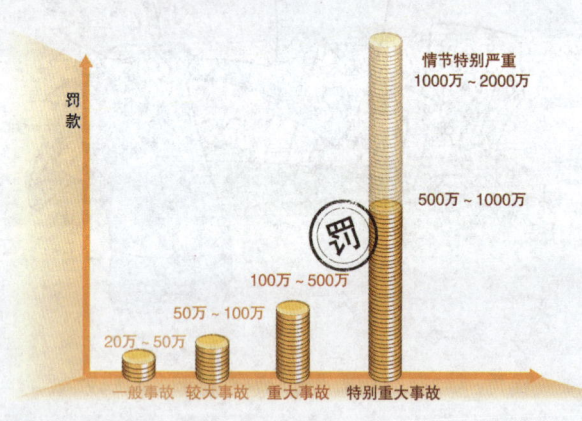

发生生产安全事故且负有责任的生产经营单位,除对因生产安全事故遭受人身和财产损失的相关人员和单位承担赔偿责任外,还可能面临安全生产监督管理部门给予的行政处罚,即根据所发生安全生产事故的严重程度处以不同档次的罚款。对于生产经营单位而言,一定额度的罚款,意味着该单位过去所产生的经济收益部分被剥夺,意味着该单位承担了法律上的否定和利益上的损失双重后果,因此,这种行政罚款对于促进生产经营单位遵守安全生产法律法规是非常必要的法律手段。

第六章 法律责任

第一百一十条 本法规定的行政处罚,由安全生产监督管理部门和其他负有安全生产监督管理职责的部门按照职责分工决定。予以关闭的行政处罚由负有安全生产监督管理职责的部门报请县级以上人民政府按照国务院规定的权限决定;给予拘留的行政处罚由公安机关依照治安管理处罚法的规定决定。

【条文释义】

本条是关于本法规定的行政处罚权相对应的行使机关的规定,为修订条款。

本法规定的行政处罚包括责令停产停业整顿、没收违法所得、罚款等。这些行政处罚将由安全生产监督管理部门和其他负有安全生产监督管理职责的部门按照职责分工决定。

行政处罚分类	决定部门
本法规定的行政处罚	由安全生产监督管理部门和其他负有安全生产监督管理职责的部门按照职责分工决定
予以关闭的行政处罚	由负有安全生产监督管理职责的部门报请县级以上人民政府按照国务院规定的权限决定
给予拘留的行政处罚	由公安机关依照治安管理处罚法的规定决定

关闭的处罚,对于生产经营单位来说,是一种比较严厉的行政处罚,对其影响很大,在实施时应当慎重。因此本条规定要由负责安全生产监督管理的部门报请县级以上人民政府按照国务院规定的权限来决定。

行政拘留是行政处罚中最为严厉的一种处罚。实施行政拘留的机关,一般仅限于公安机关。按照《中华人民共和国治安管理处罚法》的规定,只有县级以上的公安机关才享有行政拘留的裁决权,其他任何行政机关都没有决定行政拘留的权力。

第一百一十一条 生产经营单位发生生产安全事故造成人员伤亡、他人财产损失的,应当依法承担赔偿责任;拒不承担或者其负责人逃匿的,由人民法院依法强制执行。

生产安全事故的责任人未依法承担赔偿责任,经人民法院依法采取执行措施后,仍不能对受害人给予足额赔偿的,应当继续履行赔偿义务;受害人发现责任人有其他财产的,可以随时请求人民法院执行。

【条文释义】

本条是关于生产经营单位发生生产安全事故造成人员伤亡、他人财产损失应承担赔偿责任以及生产安全事故责任人不依法承担赔偿责任如何处理的规定,为保留条款。

生产经营单位发生生产安全事故,造成人员伤亡、他人财产损失的,应当依法承担赔偿责任。这是生产经营单位依法应当承担的损害赔偿的民事责任。按照《中华人民共和国民法通则》的规定,公民、法人由于过错侵害国家的、集体的财产,侵害他人财产、人身的,应当承担民事责任。没有过错,但法律规定应当承担民事责任的,应当承担民事责任。如果生产经营单位拒不承担赔偿责任,或者生产经营单位的负责人逃匿的,由人民法院依法强制执行。

第六章 法律责任

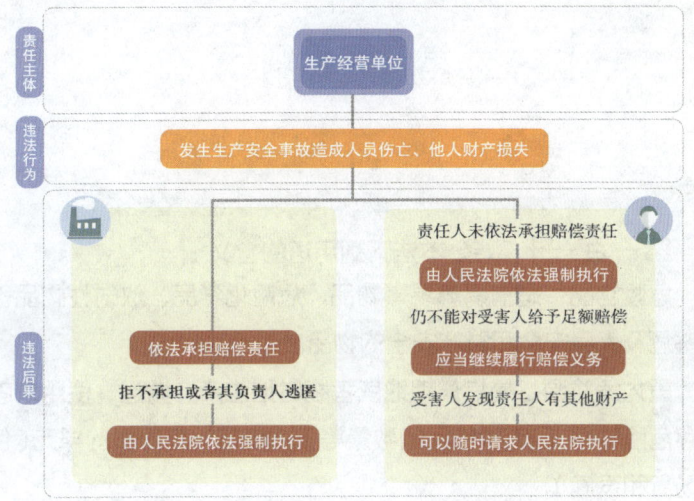

生产安全事故的责任人未依法承担赔偿责任，不履行生效的法律判决，经人民法院依法采取执行措施后，仍不能对受害人给予足额赔偿的，应当继续履行赔偿义务。在实践当中，一般有两种情况：一是有些生产安全事故的责任人有能力履行赔偿义务，但是却称自己没有赔偿能力，企图拖延一段时间，不承担责任；二是有些生产安全事故的责任人确实是由于经济状况不好，或者资金周转不灵，无力承担赔偿责任。无论是由于何种情况不能履行赔偿义务，都不能免除其赔偿义务。生产安全事故责任人的赔偿义务，也不因采取强制措施而终止。生产安全事故的责任人什么时候有能力履行赔偿义务，什么时候就应当履行义务，直到完全履行赔偿义务为止。在这期间，如果受害人发现生产安全事故的责任人在采取执行措施后，还有其他可供执行的财产，或者发现生产安全事故的责任人经过一段时间的恢复后，又获得了新的财产，可以随时请求人民法院执行。

第七章 附则

第一百一十二条 本法下列用语的含义：

危险物品，是指易燃易爆物品、危险化学品、放射性物品等能够危及人身安全和财产安全的物品。

重大危险源，是指长期地或者临时地生产、搬运、使用或者储存危险物品，且危险物品的数量等于或者超过临界量的单元（包括场所和设施）。

【条文释义】

本条是关于本法中部分用语含义的规定，为保留条款。

本法所称的危险物品，包括易燃易爆物品、危险化学品、放射性物品等。易燃物品，是指容易自燃或燃烧的物品。易爆物品，是指具有爆发力和破坏性，容易发生爆炸的物品，瞬间可造成人员伤亡、物品毁损的一切爆炸物品。危险化学品，是指能够危及人身安全和财产安全的化学品，具有易燃、易爆、有毒、有害等特性，会对人员、设施、环境造成伤害或损害。放射性，是指不稳定核素自发放出粒子或 γ 辐射，或在轨道电子俘获后放出 α 辐射，或自发裂变的性质。放射性物品，就是指能发出射线的物质。

根据《危险化学品重大危险源辨识》（GB18218—2009）的规定，单元是指一个（套）生产装置、设施或场所，或同属一个生产经营单位的且边缘距离小于 500 m 的几个（套）生产装置、设施或场所。

第七章 附则

临界量是指对于某种或某类危险化学品规定的数量,若单元中的危险化学品数量等于或超过该数量,则该单元定为重大危险源。

第一百一十三条 本法规定的生产安全一般事故、较大事故、重大事故、特别重大事故的划分标准由国务院规定。

国务院安全生产监督管理部门和其他负有安全生产监督管理职责的部门应当根据各自的职责分工,制定相关行业、领域重大事故隐患的判定标准。

【条文释义】

本条是关于制定事故划分标准和重大事故隐患判定标准的职责分工的规定,为新增条款。

根据《生产安全事故报告和调查处理条例》(国务院令第493号)的规定,生产安全事故划分为一般事故、较大事故、重大事故、特别重大事故。其中,死亡人数、重伤人数、直接经济损失为判定事故级别的三个标准,只要其中一个标准达到相应的范围,就可以判定为相应的事故等级,而不用三个标准全部达标。

《安全生产事故隐患排查治理暂行规定》(国家安全监管总局令第16号)规定:事故隐患分为一般事故隐患和重大事故隐患。一般事故隐患,是指危害和整改难度较小,发现后能够立即整改排除的隐患。重大事故隐患,是指危害和整改难度较大,应当全部或者局部停产停业,并经过一定时间整改治理方能排除的隐患,或者因外部因素影响致使生产经营单位自身难以排除的隐患。

此次修订新增本条,规定由国务院及相关部门制定事故等级和重大事故隐患的判定标准。这有利于统一判定标准,为进一步开展安全生产工作提供了有力的法律支持。

第二部分 新修订《安全生产法》条文解读

第一百一十四条 本法自2002年11月1日起施行。

【条文释义】

本条是关于本法施行日期的规定,是保留条款。

采用修正方式修改的法律,同时有两个生效时间,其中修改决定或者修正案有一个新的生效时间,原法律的生效时间不变,即未修正条款的生效时间仍为原法律的生效时间。

例如,第十二届全国人民代表大会常务委员会第十次会议于2014年8月31日通过《全国人民代表大会常务委员会关于修改〈中华人民共和国安全生产法〉的决定》(中华人民共和国主席令第13号),自2014年12月1日起施行。所以修订条款的生效时间为2014年12月1日,而保留条款的生效时间仍然为2002年11月1日。